수업의 주인은 누구?
아이들과 함께 만들어가는

허쌤의 참여수업 1

글 허승환 그림 허예은

허쌤의
참여수업₁

초판 1쇄 발행일 2018년 11월 05일

지 은 이   허승환
그 린 이   허예은
만 든 이   임원미
펴 낸 곳   꿀잼교육북스
주   소   경기도 하남시 미사강변중앙로 226, 914호
이 메 일   rimalice@naver.com
팩   스   0504-075-3872
등록번호   제 2018-000016호
ISBN   979-11-965117-0-8 (03370)

· 책값은 표지 뒷면에 있습니다.
· 이 책은 꿀잼교육북스의 허락 없이 본문의 일부 또는 전부를 무단으로 복제하거나 다른 매체에 기록할 수 없습니다.
· 파본이나 잘못 인쇄된 책은 구입하신 서점에서 교환해 드립니다.

이 도서의 국립중앙도서관과 출판예정도서목록(CIP)은 서지정보유통지원시스템 홈페이지(http://seoji.nl.go.kr)와 국가자료공동목록시스템(http://www.nl.go.kr/kolisnet)에서 이용하실 수 있습니다.(CIP제어번호: CIP2018033884)

교사가 된다는 것의 최고의 매력은

교직이 중요한 일이며

특히 학생에게 변화를 가져온다는 점이다.

교직이 어려운 이유는

단 하루도 빠짐없이 중요하기 때문이다.

- 토드 휘태커 -

차례

프롤로그   8

PART I 참여수업의 준비운동

01	좋은 수업은 3월초 좋은 관계가 만든다	18
02	배움덕목으로 수업의 참주인 되기	27
03	성장형 사고방식으로 바꾸기	35
04	수업 참여의 4단계	46
05	배움의 첫걸음 배움지도 만들기	55
06	'배움의 공동체'를 통해 배운 모둠 만들기	61
07	'거지발' 대신 모두가 발표하기	67
08	'앵무새 발표'로 더 잘 듣는 교실 만들기	78
09	재미있게 놀이로 발표하는 5가지 방법	83
10	즐거운 초성 게임으로 이야기 트기	90
11	칭찬의 고수로 성장하기	102

PART 2 배움이 깊어지는 참여수업의 실제

12	모둠 활동을 통해 듣기 능력 키우기	114
13	국어 안경 끼고 국어 공부하기	120
14	질문 게임으로 질문의 힘 기르기	128
15	숫자를 제시해 진지하게 도전시키기	134
16	솔직토크 종이뭉치를 넌져라!	140
17	준비 없이 역할극 하기	161
18	모두 협력해 휴대폰을 울려라!	167
19	역사가 쉬워지는 연대 암기법 활용하기	175
20	아이들이 친구를 가르치는 사회수업	182
21	마피아 게임으로 토론의 재미 느끼기	201
22	6단 논법으로 토론하는 힘 키우기	219
23	짬짬이 활용하는 미니 토론	247

 프롤로그

'허쌤의 참여수업' 책을 내며…….

교사가 된다는 것의 최고의 매력은 교직이 중요한 일이며 특히 학생에게 변화를 가져온다는 점이다. 교직이 어려운 이유는 단 하루도 빠짐없이 중요하기 때문이다.

-토드 휘태커-

다니던 대학 2학년 1학기를 다니다 자퇴하고 돌아온 길이 교직이었습니다. 첫 제자들과 헤어지고 교장 선생님을 찾아가 교직을 그만두고 싶다고 상담 드렸을 때가 엊그제 같은데 어느새 26년차 교사가 되었습니다.

사실 고등학교 1학년 때부터 작은 교회에서 초등부 아이들 설교를 매주 해왔

으니 가르친 경력은 꽤 오래 되었습니다. 중학교 2학년 4월, 한 친구가 절 보고 "난 네가 벙어리인줄 알았다."고 할 정도로 숫기 없고 부끄러움을 많이 탔습니다. 그런 제가 우연한 기회에 교회 여름성경학교 강사 과정을 이수하고, 처음 아이들 앞에서 맡게 된 활동은 '그림동화 읽어주기'였습니다. 오랫동안 옆에서 봐왔던 아이들인데도 같이 놀 때와 달리 앞에 서서 모든 아이의 눈빛을 받으며 가르치려니 엄청난 긴장이 되었습니다. 수없이 연습해 대본을 다 외웠는데도 소용없었습니다. 혹시 머릿속이 새하얘질까봐 그림을 그린 4절지 스케치북 뒷쪽에 읽어주어야 할 그림동화 대사를 다 적어두기까지 했습니다. 얼굴 빨개지고 심장이 터질 듯한 두근거림 속에 드디어 그림동화를 다 읽어 주었습니다. 그리고는 궁금해 용현이라는 초등학교 1학년 아이를 살짝 불러 물어 보았습니다.

"야, 오늘 그림동화 어땠냐?" 제법 편하다고 생각했던 아이의 한마디는 저를 나락으로 끌어내렸습니다. "내가 해도 그것보다 잘하겠다."

얼마나 수치스럽고 부끄러웠는지……. '이제 다시 아이들 앞에 서나 보자!'라고 다짐했더랬습니다. 그렇게 한 주를 지내자…….슬금슬금 오기가 생기기 시작했습니다. 다시 앞에 서겠다고, 아이들 부모님이 지켜보는 무대에서 긴장을 이기고 아이들 앞에 서기를 반복했습니다.

9월 발령이 났을 때, 교실에는 컴퓨터도 없었고 당연히 인터넷도 인디스쿨도 없었습니다. 그저 열정만 넘쳤던 그때, 교과서와 지도서를 고3 학생처럼 가방가득 들고 다니며 매일 수업 준비를 했습니다. 그런데, 수업은 그렇게 녹록치 않았습니다. **그때 제게 가장 큰 어려움은 교사로서 제 자신이 고립된 섬이라는 사실이었습니다.** 동학년 선생님이라 해도 업무에 대한 이야기만 잠시 나눌 뿐 어떻게 수업을 하는지 알 수 없었습니다. 이렇게도 해보고, 저렇게도 해보며 많은 시행착오를 거치면서 경험으로 성장하던 시절이었습니다. 제가 그렇게 서투른 만큼, 그 당시 만났던 제자들에게 고스란히 상처를 주어야 했습니다. 지금도 그때 제자들은 피하고 싶을 정도입니다.

교사라면 누구나 '수업'을 잘하고 싶은 욕심을 가지고 있습니다만, 한해 한해 경력이 쌓일수록 깨닫게 되는 건 잘 하려 할수록 더 어려운 것이 바로 '수업'이구나! 하는 깨달음이었습니다. 더 잘하려고 힘이 들어갈 때마다 필요한 것은 힘을 빼는 것이란 사실이었습니다.

그리고 잘 가르치려고 노력할수록 가르치는 딜레마에 빠질 수도 있다는 것을 알게 되었습니다. 가르치는 것은 갈수록 어렵고, 교직을 그만 둘 때가 되더라도 만족할만한 수업은 하지 못할 거라는 두려움이 거인처럼 앞을 가로 막고 서 있었습니다.

1. 수업에서 가장 필요한 능력

'수업'을 잘하고 싶다는 욕망을 가진 선생님께 여쭤 봅니다. 수업에서 가장 필요한 능력이 있다면 그게 무엇이라고 생각하십니까?

길지 않은 경력이지만, 어른과 아이 사이의 단절은 너는 배우는 사람, 나는 배움을 끝낸 사람이라는 생각에서 생기는 경우가 많습니다. **배움을 통해 변화하기**

위해서는 반드시 서로에게 배우는 관계여야 합니다. 일방적으로 가르치는 관계는 성립할 수 없습니다.

아이들을 가르쳐야 할 대상으로 보지 않고, 같이 성장하는 관계로 볼 수 있어야 합니다. 하이타니 겐지로 선생님은 아이들을 바다처럼 매일 봐도 질리지 않는다 하셨지요. 아이들은 하루도 같은 날이 없습니다. 하루하루 변화합니다. 아이들과 수업하면서 아이들 덕분에 나 자신이 변화될 수 있으니 얼마나 고마운 일입니까?

2. 수업을 통해 길러주고 싶은 것

"우리보다 세상을 오래 산 어른들에게 배우고 싶은 것은 수학이나 영어만이 아닙니다. 인간으로서 가장 중요한 것이 무엇인지 배우고 싶습니다. 우리는 아직 어리니까 앞으로 많은 벽에 부딪힐 테고, 어쩌면 산산조각이 나버릴지도 모릅니다. 그때 다시 출발점으로 돌아와 벽을 마주할 수 있는 힘을 어른들에게 배우고 싶습니다."

일본에서 등교를 거부하는 우메사와 하루카 라는 여중생이 쓴 글입니다. 학생들의 자존감 회복과 공부에 대한 생각을 학생들이 스스로 정립하지 않으면, 교사가 아무리 좋은 수업을 하려고 해도 할 수 없는 상황에 처하게 됩니다. 하루카의 질문에 대한 깊은 고민, 학교 공부가 오로지 대학 진학이 아니라 어떻게 살아갈 것인가? 무엇을 통해 내 삶을 풍요롭게 할 것인가? 에 답을 찾는 수업이 될 수 있도록 고민하고 고민하며 살아가고 싶습니다.

3. '수업'에 대한 글을 쓰기 시작한 까닭

2011년 1월14일에 EBS 최고의 교사에 '매일 놀 궁리만 하는 선생님, 서울영화초 허승환 선생님'이라는 타이틀로 방송을 탔습니다. 2011년 가르치던 아이들과의 방송 출연은 학년말 부담스럽기만 했지만, 아이들과 평생 남을 추억이라 생각하고 촬영을 허락했습니다.

현장에 어디 '최고의 교사'가 따로 있겠습니까? 아이들을 위해 이름 없이 빛도 없이 노력하시는 수많은 선생님들이 모두 '최고의 교사'라고 생각합니다. 뒤늦게 〈EBS 최고의 교사 제작팀〉에서 '최고의 교사'라는 동명의 책을 출판했는데, 나름대로 우리나라 최고의 교사들을 찾아가 촬영하는 중에 발견한 두 가지 공통적인 덕목은 눈여겨볼 필요가 있습니다.

직접 교육현장에서 교사와 학생들을 만나는 순간, 거짓말처럼 기준이 명확해졌다. 각기 과목과 성격은 달랐지만, 신기하게도 '최고의 교사'에게는 공통된 덕목이 있었다.

가장 중요한 것은 역시 '학생들과의 관계'였다. 잘 가르치기 위해서는 먼저 학생들과 좋은 관계를 맺어야 했다. 관계가 튼실하지 않은 교사가 아이들을 잘 가르칠 리 만무했고, 아이들이 그 가르침을 따를 리 없었다. 최고의 교사들은 학생들을 단순히 가르치는 대상이 아닌 인격체로서 대했다. 학생들 모두의 이름이나 별명을 친근하게 불러주었고, 수업 시간에 어느 한 명도 소홀히 대하는 법이 없었다. 학생들은 수업 시간뿐 아니라 쉬는 시간에도 선생님과 마주치면 스스럼없이 하이파이브를 하고, 불쑥 나타나 '백허그'를 하고 시시콜콜한 문자메시지를 보내고, 학교 부근에 있는 선생님 집에 문턱 드나들 듯 찾아와 이야기를 나눴다. 아이들과의 돈독한 관계는 최고의 교사가 갖는 첫 번째 덕목일 수밖에 없었다.

EBS 최고의 교사 제작팀이 발견한 첫 번째 덕목은 바로 '관계'였습니다. 아이들과 '좋은 관계'를 맺고 싶지 않은 교사가 누가 있겠습니까? 원하지만 쉽지 않은 '관계 맺기', '허쌤의 학급경영 코칭' 책은 그 길을 찾아보려는 시행착오의 과정이었습니다.

> **두 번째는 '교사와 학생이 함께 수업을 만들어간다'는 것이었다.** 비언어적 표현과 반언어적 표현을 상황극으로 만들어 한꺼번에 이해시키는 국어교사 박지은 선생님, 유명작가나 어르신을 만나 인터뷰하고 글을 써보도록 유도하는 송승훈 선생님, 몸으로 한자를 만들어 표현하는 한자수업을 하는 마재민 선생님 등 최고의 교사들은 결코 나 홀로 강의를 하지 않았다. 일방적으로 가르치는 교사는 없었다.

'최고의 교사'에게서 〈EBS 최고의 교사 제작팀〉이 발견한 두 번째 덕목은 '참여수업'이었습니다. 선생님이 일방적으로 가르치는 교실은 없었습니다. 아이들이 직접 주인공이 되어 참여하며 공부하는 참여수업, 책을 쓰며 집중하고 싶었던 두 번째 '키워드'였습니다.

'참여수업'의 문제는 누구나 공감하지만, 어떻게 해야 할지 모르는 경우가 더 많습니다. 그래서 학교 현장에서 어떤 노력을 기울여야 할지 구체적인 방법들을 찾아보고 소개하려 노력했습니다.

함영기 선생님의 말씀처럼 '수업은 여러 우연적 요소와 개연성을 동시에 포함하는 문화적이고 예술적인 과정'이어야 합니다. 제가 '수업'에 대한 책을 쓸 자격이나 있을까? 고민했지만, 100개의 교실에는 100개의 수업 방법이 필요하다고 생각하기에, 100개의 교실을 동시에 만족시키는 표준화된 수업 모델이란 없다고 생각하기에 서투르고 부족함을 무릅쓰고 '수업'에 대한 글을 쓰기 시작했습니다. 최근 발간된 '교육과정을 뒤집다' 책을 읽으며 저를 부끄럽게 하는 구절이 있습니다.

'많은 교사들은 교육과정 책무성을 지키면서 자율성을 갖기를 원한다. 현장에서 책무성은 있지만 자율성을 갖기는 어려웠다. 따라서 교사는 주어진 내용은 잘 전달하되 전달 방법은 자유롭게 하는 것으로 교육과정의 자율성을 인식하였다. 이러한 인식은 교육과정의 사용 주체인 교사가 교육과정에 대한 관심과 관여를 하지 않아도 되는 존재로서, 주어진 것을 받아들여야 하는 역할을 하도록 하였다.'

'허쌤의 참여수업'을 읽으며 간과하지 말아야 할 것이 바로 이 지점입니다. 독일에서는 교과서대로 가르치는 교사는 가장 못 가르치는 교사라고 합니다. '진도빼기'야 말로 교사가 가장 하지 말아야 할 수업이라고 생각합니다. 교과서에서 벗어나 핵심 개념, 일반화된 지식, 성취기준을 염두에 두고 가르칠 것을 계획하고 설계해야 합니다. 그래야 교과서 진도를 따라잡는 수업에서 벗어나 교육과정 중심의 수업으로 나아갈 수 있습니다.

아울러 '평가'나 '질문'을 학생들과 함께 공유하려는 노력도 필요합니다. 평가는 교사가 몰래 숨겨두었다가 아이들이 스스로 해결해야 하는 대상이 아닙니다. 평가의 궁극적인 목표는 줄 세우기가 아닌 학습에 대한 지원이 되어야 합니다.

오래오래 내고 싶었지만 스스로 자격이 안 된다 해서 미뤄두었던 책을 부끄럽게 내어 놓습니다. '수업'에 대한 여러 선생님들의 좋은 책들과 서로 보완하며 부족한대로 고민한 내용을 담은 책입니다. 수업 시간, 아이들의 무기력한 반응에 상처받은 선생님들께 작은 도움이 될 수 있으면 좋겠습니다.

허승환

우리 삶에서 정말로 중요한 일들은

우리가 모르는 사이에 일어난다.

- C.S.루이스 -

PART 1

참여수업의 준비운동

01 좋은 수업은 3월초 좋은 관계가 만든다

'훌륭한 교사는 무엇이 다른가' 토드 휘태커의 결론은 바로 '마음을 얻어라, 그 다음에 가르쳐라'입니다. 이 책은 우리들 교사가 어떻게 해야 학생들에게 관심과 존경을 받을 수 있는 지 설명하고 있습니다. 그러나 그 이유를 안다고 모든 학생을 잘 이끌 수 있는 것은 아닙니다. 학생들과 감정적으로 통해야 그들의 마음을 얻을 수 있습니다. 훌륭한 교사는 행동과 신념을 좌우하는 감정의 영향을, 변화를 가능케 하는 감정의 힘을 잘 알고 있습니다. 학기 초, 아이들의 마음을 얻으면 학생들은 자신이 마음을 준 교사의 시선에 신경을 쓰게 됩니다. 왜냐하면 선생님이 자기에게 관심을 갖고 배려하고 있다는 것을 매순간 느끼고 있기 때문입니다. 그렇다면, 3월 초 학생들과 함께 하며 그 마음을 얻으려면 어떻게 해야 할까요?

1. 소속감으로 아이들 마음 얻기

교실에서 소속감을 느낄 수 없을 때, 학생들은 자신이 중요한 존재임을 나타내기 위해 잘못된 목표(mistaken goal-관심 끌기, 힘의 과시, 보복하기, 자포자기 하기 등)를 가지게 됩니다. 학급의 모든 학생들이 '소속감'의 참된 목표를 달성할 수 있도록 도울 때, 교사는 평화로운 학급을 만들 수 있습니다.

OECD에서 실시하는 국제 학생평가인 PISA 2000년부터 2012년까지 수천 쪽에 이르는 PISA 보고서를 분석한 책, 권재원 선생님의 '그 많은 똑똑한 아이들은 어디로 갔을까?'에 기억에 남는 문장이 있습니다

> 홍콩이나 일본의 경우는 학교에서 외로움을 느끼거나 소외감을 느끼는 학생들이 OECD 평균의 두 배에 달했다. 학급이라는 가족적 공동체로 끈끈하게 결속된 동아시아 학교의 겉모습이 사실은 허상일 수 있음을 보여주는 결과다. 그리고 이것은 학교 자체가 불편하거나 어색해서는 아니었다.
>
> 따라서 동아시아 학생들이 학교에서 소속감을 느끼지 못하는 원인은 학교나 교사보다는 **동료 학생들과의 연대가 낮아서**라고 결론내릴 수 있다. 학급이라는 작은 공동체에서 함께 하더라도 그 안에서 동료들을 경쟁 상대로 여긴다면 소속감이나 유대감을 느끼기는 어렵다.

"다른 사람의 눈으로 보고 다른 사람의 귀로 듣고, 다른 사람의 마음으로 느끼는 것을 우리는 '사회적 감정'이라고 정의한다" 〈알프레드 아들러〉

학생들이 소속감을 느끼기 위해서는 '사회적 감정'을 가지고 살아가야 하며, 교사는 학급공동체 속에서 학생들이 학급에 소속감을 가지고 소속된 학급에 기여하고 공헌하면서 살아갈 수 있도록 도와야 합니다. 무엇보다 동료 학생들을 경쟁 상대로 여기지 않아야 소속감을 키울 수 있습니다.

아들러는 '타인을 신뢰해야 하는 이유'를 교실에서 다른 친구들을 경쟁 상대가

아닌 친구로 바라보기 위해서라고 했습니다. '자기 수용'을 할 수 있는 아이들이라면 다른 친구들도 있는 그대로의 모습을 인정하며 존재 자체로 바라보기가 쉬울 것입니다. '자기 수용'과 '타인 신뢰', 그리고 이런 신뢰감을 바탕으로 참여수업을 통해 다른 친구들에게 공헌하고, 그것으로부터 나오는 '공헌감'으로 자신의 '소속감'을 확인하면 여기에서 자신의 가치를 느끼며 행복해질 수 있습니다.

2. 우리는 퍼즐처럼 서로 잘 맞아요

서로 다른 사람들이 만나 조화를 이루면서 사는 곳이 이 세상입니다. 아이들은 교실에서 새로운 친구들과 함께 지내면서 나와 다른 사람과 함께 지내는 법을 배우게 됩니다. 서로 다른 이들이 완벽하지 않은 자신의 오목하고 볼록한 모습을 서로 맞춰가면서 멋진 퍼즐을 완성하는 것입니다. 3월 빈 게시판도 채우며 즐겁게 자신을 표현할 수 있는 '우리는 퍼즐' 활동을 소개합니다.

① 퍼즐지를 한 장씩 나누어준다.

② 이름을 가운데 쓰고, 볼록한 곳에는 자신의 장점을, 오목한 곳에는 자신의 단점을 적는다. 자신이 좋아하는 것을 글이나 비주얼씽킹으로 표현하고 잘라 붙여도 좋다.

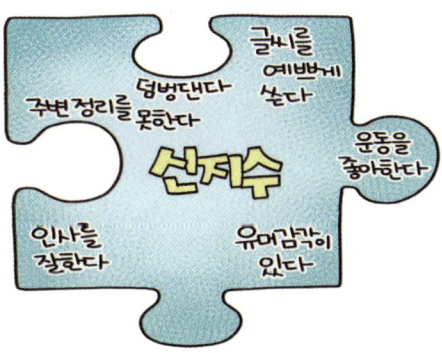

③ 완성한 후에는 친구들이 칠판에 붙여놓은 퍼즐의 오목한 곳과 볼록한 곳을 맞추어 붙인다.

④ 칠판에 퍼즐이 완성되면, 옮겨 교실 환경 게시판에 붙인다.

⑤ 아이들과 함께 퍼즐 판을 보며 이야기 나눈다.

"우리는 모두 다릅니다. 우리 모두는 퍼즐처럼 볼록한 모습과 오목한 모습을 함께 가지고 있어요. 서로 오목한 곳을 볼록한 곳에 맞추고, 볼록한 곳은 오목한 곳에 맞추며 함께 살아가게 됩니다. 덤벙대는 민희는 꼼꼼한 지수 덕분에 준비물을 잘 챙길 수 있고, 차분한 지수는 활기찬 민희와 함께 있어서 더 많이 웃을 수 있는 것처럼!! 오목 볼록이 만나 멋진 퍼즐이 만들어지는 거예요. 우리는 모두 달라요! 하지만 오목 볼록이 만나는 퍼즐처럼 서로 잘 맞춰가는 한해 보내도록 노력합시다."

3. 첫 수업부터 참신하게 자기소개서 쓰기

학기 초 아이들과 처음 하는 참여 수업은 단연 '자기소개서' 일 것입니다. 늘상 하던 흔한 수업보다 첫 시작부터 강렬하고도 참신하게 친구들에게 자신을 소개해 볼까요?

(1) 큰 안경 자기소개서 작성하기

　교실의 휑한 빈 게시판도 채우고, 새로 만나게 된 친구들에 대한 관심도 키울 수 있는 특별한 '큰 안경 자기소개서' 수업을 소개드립니다.
　3월 첫 주지만, 국어 시간을 재구성([국어]3. 마음을 표현하는 글(88~93쪽): 상대에게 전하고 싶은 마음을 글로 표현하기)하여 준비했습니다.
　"새로 우리 반이 된 친구들에게 자기를 소개하는 편지를 써 봅시다. 새로 만난 친구들은 나에게 어떤 점이 궁금할지 생각해보고, 그런 친구들의 궁금한 마음을 채워줄 수 있도록 글을 써봅시다."
　라고 이야기를 시작하며 직접 자신을 소개하는 글을 쓰도록 안내했습니다. 완성된 글로 자신을 표현하는 것은 가장 중요한 공부 중 하나라고 생각합니다. 어떤 방법이 좋을까 고민 많이 하다 외국 선생님들 사례 중에 제법 재미있는 글쓰기 지도 방법이 눈에 띄어 교실에서 활용했어요.

　① 먼저 아이들에게 안경 그림을 인쇄해 나누어준다.

② 두 개의 안경알 부분에는 자신이 가장 관심있는 두 가지를 그리고 색칠한다.

③ 큰 안경과 대비되게 자기 얼굴도 특징을 살려 그리고 색칠한다.

④ 포스트잇을 나누어주고, 씽킹맵 중에서 '버블맵' 표현 방법으로 자신에 대한 특징을 쓰도록 한다.

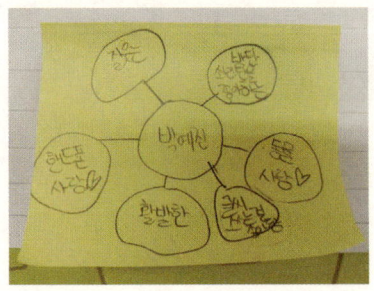

⑤ A4 용지에 '버블맵' 포스트잇을 붙이고, 그 내용대로 열 줄 이상 자신을 소개하는 글을 자세히 작성한 후, 큰 안경 그림 뒤에 붙여 완성한다.

(2) 커다란 안경에 바로 자기소개 글쓰기

저학년 교실에서는 안경에 그림을 그리는 대신, 바로 줄을 긋고 자기소개 글을 쓰도록 해도 좋습니다. 아무래도 자신에 대해 긴 글을 쓰기 어려워하기 때문에 그림과 글의 비중을 적절히 조절해야 합니다.

(3) 얼굴 앞 노트에 자기소개 글쓰기

얼굴 앞 노트에 자기소개 글을 쓰게 하거나 한 해 목표나 다짐을 쓰게 하고, 사물함 앞에 붙여놓으면 일 년 내내 볼 때마다 다짐하게 되어 좋습니다.

02 배움덕목으로 수업의 참주인 되기

　3월 첫 주에는 꼭 시간을 내어 EBS 다큐프라임 '학교란 무엇인가' 3부. 이우학교 이야기 편의 수업 동영상을 보여줍니다.

　편집된 영상을 보고 느낀 점을 발표하게 했더니,
"모두들 수업에 진지하게 참여해요."
"자유롭게 묻고 대답해요."
아이들의 대답 중에 "수업이 맛있어요." 라는 대답이 가장 마음에 남았습니다.
"교실에서 진짜 배우는 사람은 선생님일까요? 학생일까요?"
"맞습니다. 학생입니다. 그런데, 정작 배워야 할 학생은 수업 준비를 하지 않고, 선생님만 열심히 수업 준비를 하고 있다는 생각이 들었습니다. 선생님은 정말 최선을 다해 수업 준비를 해오겠습니다만, 여러분도 수업 준비를 해와야 하지 않을까요?"

아이들이 의아해할 때 되물었습니다. "배우는 학생들이 해야 하는 수업 준비는 무엇이 있을까요?"

"교과서와 준비물을 잘 챙겨요."

"숙제를 잘 해와요."

"열심히 선생님 말씀을 들어야 해요." 아이들의 말에 덧붙여 이야기했습니다.

"어려운 질문인데도 자기 나름대로의 생각을 잘 발표했습니다. 숙제를 잘 해오고, 교과서와 준비물을 잘 챙기는 것, 그리고 또 하나 수업 시간에 선생님과 수업을 할 때 준비된 수업 태도가 필요합니다. 이것을 어려운 말로 '배움덕목'이라고 부릅니다."

2013년 학습연구년으로 한 해를 보내던 중 최혜경 수석 선생님 수업을 참관하기 위해 대구 들안길초등학교에 방문했습니다. 5학년 학생들의 전체적인 수업 태도가 너무 좋아 어떻게 지도하셨을까? 궁금했습니다. 오후에 선생님과 이야기를 나누며 아이들이 직접 만든 '배움덕목'에 대해 처음 알게 되었습니다. 아이들의 차분하고 안착된 분위기에 '배움덕목'이 적잖은 영향을 주었을거라 생각했고, 3월 첫 주 마지막 활동으로 '배움덕목' 만들기에 도전했습니다. 학기 초라 그런지 생각했던 것보다 아이들은 시종일관 진지하면서도 열심히 토의하여 결정했습니다. 월요일 뒷면에 자석을 붙여 교실 앞쪽 게시판에 붙일 준비를 마쳤습니다.

(1) EBS 학교가 달라졌어요 3부 이우학교이야기 수업 동영상보기

(2) 모둠별로 2절지와 포스트잇 나눠주고 모둠토의하기

사전에 들안길초에서 만들어진 1,2학년용, 3,4학년용, 5,6학년용 배움덕목을 간단히 보여주었습니다. 마냥 맡기기에는 아이들이 어려워할 수도 있다고 생각했습니다. 나누어준 포스트잇에 덕목을 하나씩 쓰게 했습니다.

"난 친구들이 발표할 때 잘 들어주는 것이 무엇보다 중요하다고 생각해"라고 이야기하며 '경청'이라고 쓴 포스트잇을 2절지 아무 곳에나 붙이자고 했습니다. 번호 순으로 돌아가며 제시하되 아직 생각이 안 나면 "통과"라고 이야기하기로 했습니다.

(3) 스티커로 가장 좋은 의견 3가지 뽑아 모둠별로 발표하기

개인별로 원 스티커를 10개씩 나누어주고 자기 의견이 아닌 의견에 3,2,1개의 스티커를 붙일 수 있다고 안내했습니다. 교실에서 민주적 의사 결정을 위해서라면 민주주의의 탈을 쓴 '다수결'을 피해야 합니다. 최근 영국은 고작 51.9%의 득표로 'EU 탈퇴'라는 중대한 국가적 사안을 결정했습니다. 탈퇴파가 과반수를 넘기기는 했으나, 이는 나머지 48.1%의 민의를 모두 사표로 만들었습니다. 2000년 미국 대통령 선거를 통해 알 수 있듯이, 여러 후보가 나오는 선거가 되면 다수결은 제대로 작동하지 않습니다. 표가 이리저리 분산되면서 전략적 조작에 매우 취약해지기 때문입니다. 게다가 다수결에서는 유권자가 생각하는 1순위 후보에만 투표할 수 있을 뿐, 2순위나 3순위 후보에는 전혀 표를 줄 수 없습니다. 결국 다수결 선거에서는 모든 사람이 어느 정도 동의할 수 있는 보편적인 후보자가 아니라, 일정 수의 유권자에게만 1순위로 지지를 받는 극단적인 후보자가 자주 선택됩니다.

'다수결 선거'에서는 모든 유권자를 놓치지 않으려고 세심하게 신경을 쓸수록 불리해집니다. 어쨌든 이기기 위해서는 일정 수의 유권자에게 1순위로 지지를 받기만 하면 됩니다. 모두에게 신경 쓰고 싶어도 1순위로 선택되지 못하면 표로 이어지지 않으므로 다수결 제도를 채택한 민주주의는 모든 사람에게 이로운 후보를 선택하거나 다수의 의견을 존중하기는커녕, 소수의 광신적 집단을 위한 정치로 전락하기 십상입니다.

'다수결을 의심한다'의 저자 사카이 도요타카는 다수결 대신 '보르다 투표법'이라는 새로운 대안을 소개합니다. 보르다 투표법은 가령 세 가지 선택지가 있다고 할 때, 1위에 3점, 2위에 2점, 3위에 1점을 주는 식으로 점수를 매기고, 그 합계에 따라 전체 순위를 결정하는 방식입니다. 이러한 점수제 투표법에서는 다수결처럼 '표의 분산'이 발생하지 않습니다. 극단적인 세력이 일부 층에서 점수를 얻더라도 전체적으로는 낮은 점수를 얻게 되어 높은 순위가 되지 못하기 때문입니다. 순위가 결정되면, 결정된 의견을 제시한 아이가 모둠 대표가 되어 친구들 앞에서 발표하게 하였습니다. 발표하고 보니, 모둠별로 겹치는 의견들이 있어서 칠판에 붙여 하나로 모았습니다.

모둠 토의를 통해 결정된 '배움덕목'은
1모둠은 적극성, 긍정, 열정
2모둠은 경청, 존중
3모둠은 배려, 발표
4모둠은 바른 자세, 협동
5모둠은 노력, 친절, 믿음
6모둠은 이해, 집중이 뽑혔습니다.
1모둠의 '생각'덕목에는 ?가 달려있어 의견을 제안한 아이와 대화해보니, 긍정적인 생각을 의미하기에 '긍정'으로 수정했습니다.

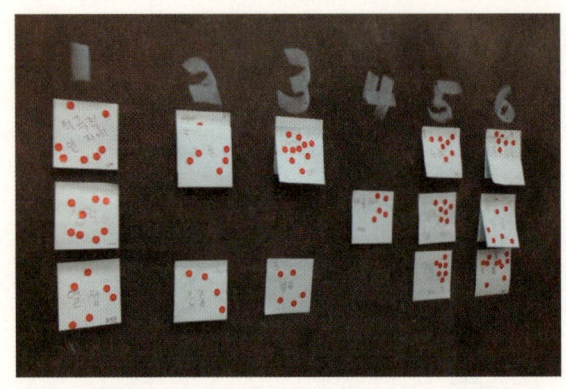

공부를 좋아하지 않는 6모둠 종명이의 의견중 '눈빛'이 인상적이라 물어보니, 수업 시간엔 선생님만 바라보며 집중하는 눈빛이어야 한다고 말했습니다. 그래서 눈빛은 '집중'에 포함하기로 했습니다.

(4) 교실 앞 게시판에 게시하기

아이들 의견이 적힌 포스트잇을 모두 모아 환경판으로 작성했습니다. 월요일에 뒷면에 자석을 덧대어 붙이고, 수업에 활용하기 시작했습니다.

대구 들안길초에서는 '수업의 참주인 되기 프로젝트'로 6학년 전체가 투표함에 투표하면서까지 진행되었다고 합니다. 그렇게 하진 못해도 아이들이 수업에서 참주인이 되어 알아가는 재미를 느끼길 바랐습니다. 시간이 될 때마다 수업이 끝날 때 즈음에 배움덕목을 잘 지켰는지 되새겨보려 노력했습니다. 만든 '배움덕목'을 꾸준히 일지반(일관성-지속성-반복성)으로 활용하려면, 어떤 노력이 필요할까요?

① 수업 전 오늘 수업과 관련있는 배움덕목 이야기 나누고 칠판에 붙이기
"모둠별로 역할극 발표가 있습니다. 어떤 배움덕목이 필요할까요? '존중', 맞습니다. '존중'이란 아직 우리 모둠 준비가 덜 되었지만, 다른 모둠이 열심히 준비한 것을 존중하기 때문에 우리 모둠 준비를 멈추고, 다른 모둠의 발표를 끝까지 들어주는 것입니다."라고 말하며 칠판 위쪽에 붙은 '존중'이란 배움덕목을 칠판 가운데에 옮겨 붙였습니다.

"'경청'에서 '청'은 귀로 듣고, 눈으로 보고, 마음으로 공감하는 것입니다." 이렇게 이야기하며, 한 시간 수업에 배움덕목은 1~2가지 정도만 강조했습니다.

② 수업 시간, 배움덕목 중에서 자신이 실천한 것과 반성할 것은 무엇이 있는지 발표하기
수업을 하는 과정이나 수업을 정리할 즈음마다 오늘 수업 시간에 자신이 실천한 배움덕목은 무엇이고, 더 노력해야할 배움덕목은 무엇인지 돌아볼 시간을 가집니다.

③ 일주일을 주기로 하여 지키고 싶은 배움덕목을 하나씩 정하여 실천해보기
한 주를 시작하는 월요일 아침에 이번 한 주, 모두 함께 노력할 배움덕목을 정하고 더욱 집중적으로 생각하고 돌아보고 다짐하며 생활합니다.

④ 도덕 시간에 지난 일주일간 자신의 실천 결과 발표하기
도덕 시간, 또는 창체 시간을 활용해 이번 한 주동안 배움덕목을 실천한 결과를 돌아가며 발표합니다. 친구들 앞에서 발표하는 시간을 주기적으로 가지는 것만으로도 아이들은 더욱 노력하게 됩니다.

⑤ 배움덕목과 관련된 일기쓰기 권하기
매번 그럴 수는 없지만, 일주일에 한 번쯤은 이번 주 함께 실천할 배움덕목과 관련해 자신이 겪거나 생각한 내용으로 일기를 쓰도록 권합니다. 이때에는 선배님들이 쓴 일기를 들려주면 더욱 자극을 받고 열심히 쓰는 모습을 많이 봤습니다.

03 성장형 사고방식으로 바꾸기

"저희 반 아이들은 착하고 활발하고 너무나 사랑스럽습니다. 그러나 그 중 딱한 아이가…일주일에 1~2번은 무단결석을 하고, 1교시부터 6교시까지 제가 책을 펴주지 않으면 책을 펴지도 않고 책을 꺼내지도 않으며, 청소도 1인 1역도 안 하고, 안할 수 있는 모든 것을 안 합니다. 수업 중에는 교실 뒤를 돌아다니며 드러눕거나 이상한 소리로 웃습니다. 할 일을 안 해서 남아야 하면 수업 끝나자마자 책상도 엉망으로 둔 채로 가방들고 튑니다.

기초학력도 매우 떨어지고 시험 성적도 10~20점이 평균입니다. 평소에 하는 말을 보면 "어차피 못해요.", "제 인생은 쓰레기예요.", "저는 가망이 없어요." 등 무기력한 말을 자주 합니다. 그냥 아무것도 안 합니다. 이 아이를 어떻게 도와줘야 할까요?"

선생님 교실에는 혹시 이런 아이가 없나요? 갈수록 '무기력'에 빠진 아이들이 늘어가고 있습니다. 본격적인 수업에 들어가기 전에 수업의 준비운동을 해야 한다면, 바로 이런 아이들의 '생각 회로'를 먼저 바꿔주어야 합니다.

1. 고정형 뇌와 성장형 뇌에 대해 이해하기

정도의 차이가 있을 뿐 모든 실수는 끔찍한 경험입니다. 특히 남들이 보는 앞에서 저지른 실수들은 우리를 비참하고 당혹스럽게 만듭니다. 거기에는 아주 복잡한 감정들이 뒤섞여 있습니다. 남들의 기대나 예상을 배신한 것에 대한 미안함, 스스로에 대한 기대를 만족시키지 못한 실망감, 실수를 저지른 자신에 대한 분노, 혹은 그런 실수를 유발했다고 믿어지는 타인이나 상황에 대한 원망… 더구나 대개의 실수는 엎질러진 물처럼 돌이킬 수가 없습니다. 일단 저지른 실수는 끝나버린 일이고, 영원히 그 상태로 남습니다. 그렇게 끔찍한 실수를 어떻게 받아들일 수 있겠습니까?

현재 심리학계에서 가장 각광받는 학자 중 한 명인 미국 컬럼비아 대학교 심리학과의 캐롤 드웩C.Dwek 교수는 사고방식MindSet 개념의 창안자이기도 합니다. 그녀에 따르면 사고방식은 고정형 사고방식Fixed Mindset과 성장형 사고방식Growth Mindset으로 나뉩니다. 그리고 실수를 대하는 방법과 그 실수를 통해 무엇을 얻느냐는 그 사람이 어떤 마인드 셋을 가지고 있느냐에 따라 180도 달라집니다.

고정형 사고방식을 가진 사람들은 이 세상 사람들의 재능이나 가치는 애초에 정해져 있다고 믿습니다. 즉, 천재는 날 때부터 천재이며 바보는 무슨 수를 쓰더라도 바보입니다. 우리가 지금 하는 모든 것들은 자신이 이미 가지고 있는 자질을 보여주는 증거들입니다. 예를 들어, 성공이나 합격은 자신이 천재임을 증명한 것입니다. 이런 고정형 사고방식을 가진 사람들은 실수 역시 자신의 무능함의 증거로 여기고 수치스럽게 생각합니다. **이런 태도의 가장 큰 문제는 자기가 실수를 한 분야의 일이나 그 실수를 목격한 사람들을 기피한다는 점입니다.**

실수 몇 번 했다고 자신은 그 분야에 재능이 없다고 단정짓고 노력하기를 포기

하게 됩니다. 그리고 우울감에 빠집니다. 실제로 캐롤 드웩 교수의 조사 결과에 따르면 고정형 사고방식을 가진 청소년들이 우울증 점수가 더 높았습니다.

반면에 '성장형 사고방식'은 세상 모든 존재는 앞으로 어떻게 하느냐에 달려있다고 봅니다. 천재와 바보는 정해진 것이 아니고 중요한 구분도 아닙니다. 타고난 재능도 중요하지만 그 재능에 불을 붙이는 것은 '노력'이기 때문에 얼마나 노력하느냐가 더 중요한 가치라고 믿습니다. 이들에겐 어제의 나보다 오늘의 내가 얼마나 더 발전했는지를 스스로 비교하는 것이, 지금 현재 누가 더 잘하느냐를 비교하는 것보다 더 의미가 있습니다. 이런 마음가짐에서는 지금 저지른 실수는 속쓰리긴 하지만 앞으로 고쳐나가면 되는 일입니다. 당연히 실수를 할수록 더 열심히 노력을 하고, 결과적으로 역경을 극복해낸 사람이 됩니다. 또한 이들은 몇 번의 실수로 자신을 단정짓지 않듯이 지금 보여주는 능력을 가지고 남들을 차별하지도 않습니다.

사실 우리 사회에서 '성장형 사고방식'을 가지기는 갈수록 어려울 수밖에 없습니다. 경쟁이 심해짐에 따라 능력이나 학력에 따른 차별이 뚜렷해지기 때문입니다. 미디어에서는 신이 내린 재능, 엄친아 등등 타고난 재능이나 특성을 칭송하는 분위기가 가득합니다. 반 전체 시험점수 평균이 80점을 넘는 일이 많아지면서, 시험에서 실수 몇 번 저지른 것이 그 사람의 평생을 결정지을 수도 있다는 강박감은 단순히 상상이 아니라 거의 현실로 다가오고 있습니다. 하지만 그럴수록 실수를 받아들이는 '사고방식(마인드셋)'은 중요합니다. 이 세상에 태어날 때부터 완벽한 인간은 없습니다. 실수를 통해 배울 점을 찾고 노력의 기회로 여긴 사람들이 성장하는 동안, 실수를 무능의 증거로 여기고 좌절하거나 부정하는 사람들은 멈추어 있을 뿐입니다.

2. 뇌의 능력을 깨닫도록 돕기

"나는 어차피 안 돼!"라고 스스로 자신의 가능성을 닫아버린 아이들이 자신의 능력을 새롭게 깨달을 수 있도록 도울 수 있는 몇 가지 재미있는 실험을 소개드립니다. 학기 초,집중적으로 활용하면 좋겠습니다.

(1) 불가능한 종이 접기

"지금 보여주는 사진을 어떻게 하면 똑같이 만들 수 있을까요? A4용지를 나누어주면 만들 수 있다는 사람은 손을 들어 보세요." 우리 반 26명의 아이들 중에서 만들 수 있다고 손을 든 아이는 8명이었습니다. 그 아이들에게 A4용지를 나누어주니, 실제로 만들어낸 아이도 2명 있었지만, 대부분의 아이들은 성공하지 못합니다. 이때 포기하지 않고 다시 도전하고 다시 도전하는 아이들을 눈여겨보고, 아이들 앞에서 이런 아이들을 칭찬합니다. 이렇게 실패를 대하는 삶의 태도가 인생을 바꾸는 것이라고... 실제로 접는 방법은 다음과 같습니다.

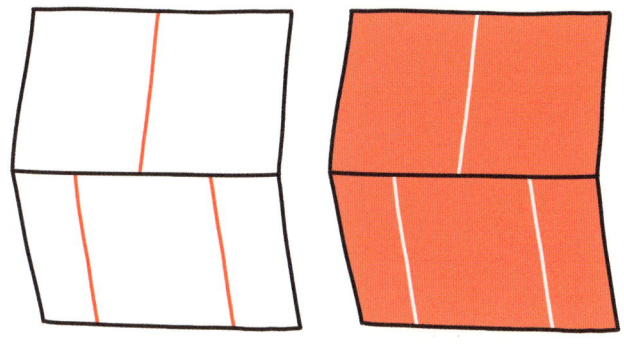

〈반을 접고 그림과 같이 가위로 자르세요〉

〈절반 정도를 뒷면으로 돌려 접으세요〉

A4 접기는 성장형 사고방식Growth Mindset을 기르기 위해 가장 많이 하는 실험입니다. 6학년 국어 교과서 '다양한 관점'에는 '아프리카에 신발을 팔아야 하는 두 사람의 서로 다른 관점'이 나옵니다. 고정형 사고방식을 가진 아이들은 아프리카에 신발을 팔 수 없다고 생각하는 관점을, 성장형 사고방식을 가진 아이들은 아프리카에 신발을 팔 수 있다는 관점을 가지게 되지요. 캐롤 드웩 교수님의 마인드셋을 초등 교실에서 실험한 메리 케이 리치의 '마인드세트 교실혁명' 책에는 유치원 아이들은 100% 성장형, 초등 1학년은 10% 고정형, 2학년은 18% 고정형, 3학년은 42% 고정형... 학년이 올라갈수록 '자신의 지능을 보는 관점'이 고정형으로 변한다는 연구 결과를 소개했습니다. 사실 교사들과 이야기 나눠봐도 어떤 선생님들은 애들은 가르쳐봤자 이미 머리는 타고 났다는 고정형 사고방식(마

인드셋)을 가진 분들이 많습니다.

(2) '실패'에 대한 모둠 마인드맵 작성하기

이 실험 다음에는 아이들끼리 모여 '실패'란 무엇인지 마인드맵으로 생각을 표현하는 시간을 가집니다. 선생님에게 '실패'란 무엇인가요?

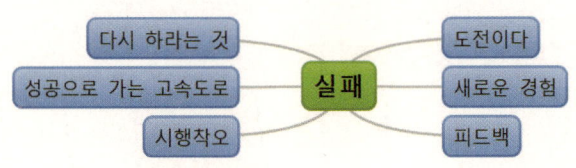

어느 신문 한 강연에 이렇게 소개되었습니다.

'4살 아들이 스마트폰 게임을 하다가 'FAIL'이 뜨자 좋아하더라. 무슨 뜻인지 묻자 '실패'라고 대답했다'며 "그래서 '실패'가 무어냐"고 묻자 아들이 "응. 다시 하라는 거야."라고 했다'고 전했습니다. 어쩌면 4살 아이의 실패에 대한 생각이 야말로 '성장형 사고방식'을 키우는 지름길이 아닐까 생각합니다. '실패'는 '새로운 시작'을 의미합니다. 그래서 전문가란 할 수 있는 모든 실패를 다 해본 사람이라는 말이 있습니다.

스팽스 CEO 및 창업주 사라 블레이클리는 어릴 적 아버지가 늘 "오늘은 무슨 실패를 했니?"라고 물었다고 했습니다. 그날 실패한 것이 없다고 하면 아버지는 실망스러워 했다는 것입니다. 반대로 "오늘 이걸 못하고 말았어요."라고 하면 "아무것도 안 하는 것보다 훨씬 잘했다."며 칭찬해 주셨다고 했습니다. '성장형 사고방식'을 가진 아이로 키우려면, 교실에서 '틀려도 괜찮아'라는 실패에 대한 생각회로를 바꿔줄 수 있어야 합니다.

(3) 위치 기억법을 활용한 사고방식 바꾸기

공부를 못하는 아이들의 사고방식을 바꿀 때에 '위치 기억법'을 실험으로 단어 암기를 시키면 아이들의 생각이 많이 바뀝니다. 먼저 아이들에게 미리 준비한 단어를 화면으로 제시합니다.

"지금부터 30초 동안 보여주는 화면의 단어와 그림을 순서대로 외워보세요. 준비되었나요? 시작"

아이들은 정신없이 15개의 단어를 외울 것입니다. 30초 후에 화면을 끄고 순서대로 단어를 적도록 합니다. 암기력의 차이가 약간 있겠지만, 대부분 15개를 다 적지 못합니다. 이때 아이들에게 스토리텔링으로 위치 기억법을 적용해 이야기를 나눕니다.

"자, 상상해 봅시다. 교실 뒷문을 열고 여러분이 교실에 들어왔더니 **아이언맨**이 서있습니다. 교실 앞쪽으로 가려는 사이 벽에는 천정에서 **밧줄**이 여러 개 내려져 있네요. 교실 앞문 쪽에는 가수 **싸이**가 '강남 스타일'춤을 추고 있네요. 칠판 오른쪽 편에는 **공책**이 쌓여있고, 칠판 쪽 뒤에는 구멍이 나있는데 **계단**이 보이네요. 앞쪽 칠판 왼쪽 편에는 **뽀로로**가 말을 타고 있는데,

자꾸 손목에 있는 **시계**를 봅니다. 왼쪽 창가에는 어떤 남자가 앉아있는데, **반지**를 끼고 여자 친구를 만나러 가는지 **콧노래**를 부르네요. 그리고 여자 친구를 만나러 **출발**했습니다. 교실 뒤쪽에는 **복습 공책**이 쌓여있고, **비행기**가 날아갑니다."

우리 뇌의 크기는 두 손을 모아놓은 모습과 비슷합니다. 그런데 우리 뇌는 억지로 벼락 공부를 하게 되면 코르티솔(하이드로코르티손)이라는 코르티코이드계의 호르몬이 부신피질에서 생성됩니다. 코르티솔은 해마의 뇌세포를 파괴한다고 합니다. 따라서 아이들이 억지로 뇌를 괴롭히지 않아도 공부할 방법이 있다는 생각은 아이들에게 생각회로의 변화를 가져올 수 있습니다. 하루가 지나서 갑자기 물어봐도, 아이들은 여전히 단어를 기억하고 있는 자신에게 놀라게 됩니다.

우리 뇌는 뇌가 좋아하는 방법이 따로 있다는 것을 몸으로 체험하게 하는 좋은 실험입니다.

3. 사고방식의 변화는 언어부터 시작하기

　사람은 과연 언어 없이 생각할 수 있을까요? 이는 언어에 관심이 있는 사람들을 두고두고 괴롭히고 있는 질문입니다. 그러나 과학 기술이 눈부시게 발달하였는데도, 언어와 사고(思考)의 관계는 아직 정확하게 밝혀지지 않았습니다. 언어가 없으면 사고가 불가능하다는 주장이 있는가 하면, 그렇지 않다는 주장도 있습니다. 언어와 사고 중에서 어느 것이 먼저인지 정확히 말하기는 어렵지만, 이들이 서로 깊은 관계를 맺고 있다는 사실은 부정하기 어렵습니다. 아이들은 언어 능력이 발달하면서 지적 능력이나 사고력도 함께 신장됩니다. 그 결과, 아이들의 언어 능력 수준은 더욱 높아집니다. 결국, 인간은 언어를 도구로 하여 생각을 하며, 그 결과 사고력과 인지 능력이 점점 발달한다고 말할 수 있습니다. 언어가 사고를 담는 그릇이라면, 사고방식을 바꾸려면 언어부터 바꿔나가야 한다고 믿습니다.

(1) '아직은'(Not yet) 붙여 말하기

　성장형 사고방식(Growth Mindset)을 주장한 캐롤 드웩은 가장 손쉬운 방법으로 언어 습관에 '아직은'(Not Yet)을 붙여 말하도록 지도하면 좋다고 제안합니다.

교실에서도 아이들에게도 "나는 포기할래"라는 말 대신에 우리가 어떻게 말하면 성장형 사고방식을 기를 수 있을지 발문한 후에, 고정형 사고방식 아이들이 자주하는 문장을 칠판에 붙여두고, 포스트잇을 나누어 줍니다. 그런 후에 '성장형 사고방식'의 뇌를 가지려면 어떻게 말해야 할지 자신의 생각을 포스트잇에 적어 붙이도록 했습니다.

아이들에게 자주 이렇게 이야기해 줍니다.

"틀렸다고 속상해할 필요 없습니다. 어려움이나 실패를 만난 뇌는 꼬불꼬불해집니다. 틀린 덕분에 여러분은 더욱 꼬불꼬불한 뇌, 더욱 똑똑해진 뇌를 가지게 될 것이기 때문입니다."

(2) '감정을 선택한거야'라고 말해주기

우리에게 친근한 프로이트가 '인간의 감정은 과거 사건과 환경에 의해 우리가 수동적으로 겪게 되는 것'이라고 보는 원인론을 주장했다면, 아들러는 '인간의 모든 행동과 감정에는 저마다 고유한 목적이 있다'고 보는 목적론을 주장했습니다. 이러한 주장에 따르면 우리가 일상에서 마주하는 모든 감정은 '겪어지는 것'이 아니라, 우리가 스스로 그것을 '선택한 결과'입니다. 이에 따르면 우리가 우울감을 느끼거나 화를 내는 것도 필요에 의한 것입니다. 종종 고정형 사고방식을 가진 아이들은 자신의 무기력을 핑계 삼아 "저 오늘 너무 우울해서 공부하기 싫어요."라고 말합니다.

그럴 때 "넌 우울한 게 아니라 우울하기로 선택한거야"라고 대답을 해 줍니다. **자기 감정의 주인은 자신이므로 감정은 스스로 선택할 수 있습니다.** 그러므로 아이들이 원치 않는 감정 문제 때문에 힘들다면 그 감정의 목적을 생각하고 어떻게 느끼고 행동해야 자신에게 이로운 지를 생각해서 능동적으로 자기 감정을 선택하라고 말해줄 필요가 있습니다.

이런 기본적인 지도가 교실 속에서 꾸준히 함께 할 때, 아이들의 생각회로는 '성장형 사고방식'으로 바뀌게 되고, 배움은 차곡차곡 쌓이게 될 것입니다.

04 수업 참여의 4단계

해가 갈수록 교실에서 무기력하게 앉아있는 아이들이 많아지고 있습니다. 특히 남자아이들 중에는 늦은 밤까지 휴대폰이나 컴퓨터 게임을 하다 와서 무기력하게 졸거나 수업 시간 엎드려 있는 모습을 보게 됩니다. 무기력한 아이들을 지켜보는 건 여간 힘든 일이 아닙니다. 교사로서도 자존심에 상처를 입고, 내 수업이 얼마나 재미없으면 저렇게 잠을 잘까? 아이 뿐만 아니라 스스로에게도 화가 나게 됩니다.

그래서 더욱 학기 초부터 아이들에게 적극적으로 수업 시간에 어떻게 참여해야 하는지 이야기 나눌 필요가 있습니다.

수업에서 나는 몇 단계일까?

수업에도 수준과 단계가 존재합니다. 파커.J.파머는 교사와 학생, 지식과의 관계 연결망을 중심으로 2단계로 구분하였습니다. 인식의 객관론 신화 모델과 진리의 학습공동체 모델로 구분하였습니다. 인식의 객관론 신화 모델은 교사가 지식을 습득하여 학생들에게 일방적으로 지식을 전달하는 것입니다. 반면 진리의 학습공동체는 학습 주제를 중심으로 교사와 학생이 활발한 상호 작용을 통해 교학상장(教學相長)하는 것을 말합니다.

1. 질문의 상태에 따른 수업의 6단계

아이들을 만난 첫 날, 서로 서먹서먹한 사이에 일방적인 제 이야기를 하고 싶지 않았습니다. 그렇다고 서로 어색한 아이들 앞에 강제로 세워 자기소개를 하게 하는 것도 폭력이라고 생각했습니다. 그래서 A4 색지를 한 장씩 나누어 주고 네 가지 질문에 대한 생각을 적도록 부탁했습니다.

① 올해 새로 만난 선생님에게 궁금한 것은?
② 이전 학년 선생님과 했던 것 중에서 올해도 하고 싶어요.
③ 이전 학년 선생님과 했던 것 중에서 이건 정말 싫었어요.
④ 올해 선생님께 가장 바라는 것은?

아이들이 익명으로 자신의 생각을 적은 후에는 자유롭게 구겨 종이 뭉치를 만들도록 했습니다. 그런 후에 "하나둘셋" 신호와 함께 교실 앞으로 투척!
"선생님, 결혼 하셨어요?"
"결혼한 지 24년 지났어요." 이렇게 하나씩 종이뭉치를 펴서 대답하던 중에 마지막 질문은 "선생님이 가장 좋아하는 수업 방식은 무엇인가요?" 였습니다.
'옳다구나' 싶어 이렇게 이야기해 주었습니다.
"선생님이 가장 싫어하는 수업은 선생님이 질문했는데, 아무도 대답하지 않아 스스로 대답하는 것, 자문자답하는 수업이에요. 그것보단 낫지만 그래도 좋아하지 않는 수업은 선생님이 묻고 몇 명 손 든 아이들만 대답하는 수업입니다. 그것보다 좋아하는 수업은 종이뭉치에 여러분이 적어둔 질문처럼, 여러분이 묻고 선생님이 대답할 때 전 정말 행복합니다. 하지만 가장 좋아하는 수업은 여러분이 묻고, 앉아있는 다른 친구들이 손을 들어 서툴러도 자기 생각을 이야기해줄 때예요. 여러분과 함께 서로 고민하고 물으며 생각이 자라는 한 해가 되길 바랍니다."

나중에 조벽 교수님의 책 '새시대 교수법'에도, 유동걸 선생님의 책 '질문이 있는 교실'에도 이 비슷한 생각이 담겨있어서 반가웠습니다. 유동걸 선생님은 질문의 상태에 따라 수업의 수준을 6단계로 설명하셨습니다.

유동걸 선생님의 〈수업의 수준 6단계〉

제가 생각하지 못했던 1단계, 교사와 학생의 구별이 사라진 수업이라니… 교직을 그만 두기 전에 한번이라도 만나 보고 싶은 수업 장면입니다.

2. 수업 디자인의 5단계

'관계'와 '질서' 세우기는 공존해야 수업이 잘 이루어질 수 있습니다. 관계와 질서 중 하나라도 부족하면 수업 활동은 잘 이루어지지 않습니다. 수업은 관계와 질서의 토대 위에서 이루어지기 때문입니다. 이러한 2가지 핵심 요인을 중심으로 수업디자인 연구소 김현섭 소장님은 교사의 수업 수준과 단계를 5단계로 제시하셨습니다.

(1) 단계 : 수업 디자인의 무지 단계

　수업 디자인 측면에서 볼 때, 교육과정과 교수 학습 방법 등 여러 가지 측면에서 부족한 부분이 많은 단계입니다. 교사가 교과 지식을 일단 이해하여 전달하는데 집중하는 단계입니다.

(2) 2단계 : 미숙한 수업 디자인 단계

　1단계는 교사가 수업에 대하여 잘 몰라서 힘든 경우이고, 2단계는 수업에 대하여 어느 정도 알고 있음에도 불구하고 이러저러한 이유로 한계를 경험하고 있는 것입니다.

(3) 3단계 : 교육과정 중심의 수업 디자인 단계

　3단계는 교육과정 중심의 단계입니다. '무엇' 즉, 교과 지식이나 교육과정에 초점을 맞추어 교사가 학생들에게 지식을 일방적으로 전달하는 단계입니다. 교사는 주로 지식의 전달자로서 역할을 수행합니다.

(4) 4단계 : 성숙한 수업 디자인 단계

　교사가 자율적으로 교육과정을 재구성할 수 있고, 학생들의 흥미 유발을 위해 다양한 교수 학습 방법을 실천합니다. 즉, 기존 교육과정에 머무르지 않고 학생들의 학습 수준과 의지, 상황 등에 따라 교육과정을 유연하게 재구성할 수 있습니다.

(5) 5단계 : 창발적인 수업 디자인 단계

　해당 지식에 대한 깊은 이해를 바탕으로 숙의(熟議)적 교육과정 개발 모델에 따라 개인 지성 내지 집단 지성에 따라 교육과정을 새롭게 만들 수 있습니다. 4단계는 교사가 없으면 수업이 잘 진행되기 힘들지만 5단계에서는 교사가 없어도 수업이 잘 진행될 수 있습니다.

'학급경영 3.7.30의 법칙'에서 '7'의 법칙은 '자주 관리의 법칙'입니다. 선생님이 교실에 안 계셔도 아이들이 학급의 일을 스스로 해나갈 수 있도록 첫 일 주일 안에 지도하자는 내용입니다. 아침에 교실에 들어오면, 누구라도 학급의 창문을 열어 환기시키고 8시 40분이 되면 자기 자리로 돌아가 앉고 스스로 책을 펴서 아침 독서를 합니다. 점심 시간이 되면 선생님이 이야기하지 않아도 이번 주 급식 당번이 급식을 준비합니다. 수업이 끝나면 자동으로 아이들은 자신의 주변 청소를 시작합니다. 혹시 갑자기 선생님이 결근하더라도 학급의 시스템이 알아서 작동되는 것입니다.

김현섭 선생님은 5단계에 이른 수업으로 소명중고등학교 장슬기 선생님의 중2 과학과 수업을 소개했습니다. 제 자신의 한계는 어쩔 수 없지만, 이런 아름다운 수업은 제 마음을 들뜨게 합니다. 그리고 꿈꾸게 합니다.

3. 수업 참여의 4단계

> 교사가 개인적인 사정으로 인하여 선생님이 결근한 상황, 미리 교사가 그 상황에 대하여 학생들에게 이야기했는데, 다른 선생님의 보강 수업 대신 학생들이 스스로 수업을 하겠다고 말했다. 그래서 전날 점심시간에 선생님이 해당 발표 모둠 학생들에게 피드백 활동을 실시했다. 선생님이 없는 상황에서 수업이 과연 진행될 수 있을까 의구심이 있었는데, 막상 실제 수업을 보니 놀라운 광경이 펼쳐지고 있었다. 과학과 시간에 교사 없이도 학생들이 주도하여 프로젝트 수업 활동이 원활하게 진행되고 있었다. 학생들이 모둠별로 프로젝트를 준비해서 발표하면 나머지 학생들이 발표 내용에 대하여 질문하고 그 질문에 대하여 학생들이 답변하는 것이었다. 생각보다 다른 학생들의 질문 수준이 높고 날카로웠지만 발표 학생들은 당황하지 않고, 침착하게 잘 이야기를 풀어갔다. 그런데 어떤 학생이 질문을 했는데, 그 질문 난이

> 도가 높아 발표 학생들이 정답을 제대로 답변하지 못하는 일이 벌어졌다. 그 때 모든 학생들이 그 질문에 대한 해답을 교과서와 다른 자료들을 활용하여 적극적으로 찾았다. 그때 한 여학생이 아직 진도를 나가지 않은 교과서 부분을 찾아 그 정답을 이야기하였다. 학생들 스스로 지식을 탐구하고 깨치는 장면은 감동 그 자체였다.

가끔씩 학교나 교육연수원에 강의를 나가 보면, 강의를 듣는 선생님들의 모습도 정말 다양합니다. 이분들의 모습을 가장 재미있게 묘사한 것은 창의적 교수법의 저자 '밥 파이크'가 분석한 4가지 교육 참가자들의 유형입니다.

(1) 포로 (Prisoner)

강제로 이끌려 온 직원으로 교육장에 있는 것 자체를 못마땅해 합니다. 강의실에 몸서리치며 교육 참가를 고문과 같이 느끼기까지 합니다. 애써 졸음을 청하고 강사의 질문에 묵묵부답으로 일관하는 것이 마치 포로처럼 보입니다.

(2) 휴가자 (Vacationer)

교육 참가를 업무로부터의 탈출로 인식하여 사무실에 있기보다는 차라리 강의실에 있는 것이 낫다고 생각합니다. 거기까지가 전부입니다. 하지만, 간식이 부족하거나 강의장 시설이 불편하면 교육이 별로라고 평가합니다.

(3) 교제자(Socializer)

교육 참가를 새로운 사람들을 만나고 좋은 시간을 보낼 수 있는 절호의 기회로 여기는 사람들로서, 교육 시간보다는 쉬는 시간이 더 유용하고 바쁩니다.

(4) 학습자(Learner)

그야말로 교육을 통해 새로운 지식과 기술을 얻기 위해 온 사람들입니다.

〈포로〉　〈휴가자〉　〈교제자〉　〈학습자〉

위의 네 가지 유형 중 학습자(Learner)를 제외하고는 아무리 뛰어난 강사와 교육환경이 갖춰져 있더라도 참가자들이 적절히 동기부여 되어 있지 않으면 높은 학습 효과를 기대하기 어렵습니다.

학기 초 아이들을 처음 만날 때면 '수업 참여'에도 4단계로 성장해야 함을 이야기해 줍니다.

① 1단계는 '시청자' 단계입니다.

교실에서 앞쪽 텔레비전에 출연하는 선생님과 몇 몇 아이들의 질문과 답변을 그저 구경할 뿐입니다.

② 2단계는 '방청객' 단계입니다.

TV 속으로 들어와 좀 더 가까운 곳에서 선생님과 몇몇 친구들의 생동감있는 방송을 보며 박수도 치고 환호도 하고, 가끔씩은 마이크를 받아 한두 마디 수업에 참여하기도 합니다.

③ 3단계는 '조연'(엑스트라) 단계입니다.
　수업 시간마다 선생님의 질문에 손을 들지만 확실하게 알고 있는 질문에만 자신의 생각을 이야기합니다. 엑스트라 단계는 열심히 수업에 참여하지만, 스스로 손을 들어 질문하지는 않습니다.

④ 4단계는 '주연'(주인공) 단계입니다.
　수업 시간마다 선생님과 수업을 함께 만들어가는 파트너 단계입니다. 궁금한 것은 손을 들어 질문하고, 좀 더 수업을 재미있게 하려면 어떻게 할지 적극적으로 자신의 의견을 발표합니다. 교실 수업에 생동감을 주고, 선생님 역시 이런 학생들을 만나면 더욱 열심히 수업을 준비하게 됩니다.

　아이들에게 학기 초에 '수업 참여의 4단계'에 대해 이야기한 후에는 수업 정리 단계에서 스스로 자신의 단계를 되짚어보게 했습니다.

　"오늘 수업에서 자신이 방청객 단계에는 왔다고 생각하는 사람 손들어 볼까요? 구경만 하지 않고 한두 번이라도 발표를 했던 사람들은 손들어 봅시다. 지난번엔 8명이 손들었는데 오늘은 10명이 손을 든 걸 보니, 더욱 우리 반 수업 참여 태도가 한 단계 업그레이드된 것 같아 기쁩니다."

　"오늘 자신의 수업 참여 단계가 3단계 엑스트라 단계에 왔다고 생각하는 친구는 손을 들어 봅시다. 먼저 질문하지 않았지만, 선생님의 질문마다 손을 들어 참여하였고 모둠 활동에서도 자신의 역할을 협력하여 수행했으면 손들어 보세요. 오! 지난번엔 5명이 손들었는데 오늘은 무려 8명, 손을 들어 수업에 참여하는 친구들이 늘어나고 있다니 기쁩니다."

"오늘 자신의 수업 참여 단계가 4단계 '주인공 단계'에 도착했다고 생각하는 사람은 양심껏 손을 들어 보세요. 적극적으로 수업에 참여하였고, 때론 궁금한 것을 질문하였으며, 모둠에서 공부를 어려워하는 아이들을 도와주고 실수한 친구에게는 괜찮아, 일부러 그런 게 아니잖아, 실수하면서 배우는 거야 라고 격려해준 친구는 손을 들어 봅시다.

와우! 무려 5명! 다음에는 더 많은 친구들이 스스로 수업의 참주인이 되어 즐겁게 수업하게 되기를 기대합니다. 오늘 모두들 수고 많았습니다."

05 배움의 첫걸음 배움지도 만들기

    새내기 교사들은 대개 3월 첫 주부터 수업 진도를 나가느라 바쁩니다. 하지만 무터킨더는 독일에서 가장 무능한 교사는 '교과서대로 가르치는 교사'라고 했습니다. 정말 중요한 게 무엇인지 아는 교사는 시간이 조금 걸리더라도 절대 진도에 쫓기지 않습니다. 수업 진도보다 중요한 것에 가치를 두고 생활하기 때문입니다.

    선생님들의 첫번째 수업 장면은 어떠하셨나요? 오차원 전면교육의 '고공학습'으로 시작했고, 인권수업의 저자 이은진 선생님의 '학습 지도' 덕분에 좀 더 정교해졌어요. 먼저 모둠별로 이절지와 유성 매직, 네임펜 세트를 나누어줍니다.

    "오늘은 첫 번째 국어시간입니다. 다들 교과서 폈지요? 1단원은 '비유적 표현'에 대해 공부하겠습니다."라는 말과 함께 교과서를 펴고, 첫 단원 수업을 시작하시진 않겠지요? 학년말 진도에 쫓겼던 경험을 가진 교사라면, 아마도 첫 날, 첫 시간부터 달리고 싶은 마음이 굴뚝같겠지만, 아이들도, 또 교사도 새로운 학습활동을 준비하고 생각하는 단계는 필수적으로 필요합니다.

"여러분, 부모님께서 운전하실 때, 보통 제일 먼저 하시는 일이 뭔가요?"
"네, 그렇죠. 많은 분들이 '네비게이션'을 켜면서 운전을 시작해요."
"그런데, 네비게이션을 왜 찍을까요?"
"맞아요. 목적지를 정확히 모르는 상태에서는 운전하면서 길을 헷갈릴 수도 있고, 목적지를 잘 찾아가기 어려워지기 때문이지요. 공부도 마찬가지에요. 뭘 공부해야 하는지, 어떤 내용을 배우는지, 이번 학기 동안 무엇을 목표로 공부해야 하는지 알아보고 가야 길을 잃지 않을 거예요."

1. 오차원전면교육의 '고공학습'

'고공학습'이란 지도를 그릴 때 비행기에서 아래를 내려다보면서 작업을 하듯이 어떤 정보를 대할 때 위에서 내려다보듯 전체를 관통하는 법칙을 찾아 정리하는 방법입니다.

천 조각의 퍼즐을 맞추려면 어떻게 해야 할까요? 그것을 맞출 수 있는 사람은 모든 조각이 맞추어졌을 때의 전체 그림을 본 사람만이 가능합니다. 초등학교때 공부를 잘하던 아이가 중학교에 올라가서 공부를 못하게 되는 경우가 종종 있는

데, 그 까닭은 무엇이라 생각합니까? 초등학교 때는 지식의 퍼즐이 몇 조각 안되기 때문에 노력만 하면 잘하는데, 중학교에서는 지식의 퍼즐 조각이 많아져서 공부하기가 어렵게 되기 때문입니다.

전체를 보는 힘을 가진 사람은 많은 양의 지식이라 할지라도 어려움을 이겨내고 결국은 공부를 잘할 수 있게 됩니다. 그렇기 때문에 하나하나의 지식 조각에 매달려 진도 나가기에 바쁘기보다는 먼저 지식을 전체로 엮을 수 있는 '고공학습' 훈련이 필요합니다.

2. 배움지도 그리기의 실제

먼저 모둠별로 모여 국어, 수학, 사회, 과학 교과서를 준비합니다. 마인드맵으로 표현하는 방법을 알려주면 좋습니다. 이절지 정도 크기의 용지를 나누어주고, 모둠별로 모여 배움지도를 그리게 합니다.

(1) 모둠 안에서 각자 한 과목씩 맡아 그리기

4명 한 모둠의 경우, 국어, 수학, 사회, 과학 중의 한 과목씩 맡아 단원명, 학습목표(또는 주요 내용), 핵심단어의 차례로 마인드맵 그림을 그립니다.

그냥 그리라고 하면, 공부를 못하는 아이들은 시작도 못하고 어려워합니다. 시작하기 전에 선생님이 칠판에 한 교과를 정해 적는 과정을 시범으로 보여주며 설명하거나 예시 작품을 보여주고 가리키며 설명해 주셔야 합니다.

그런 다음, 모둠 토의를 통해 각각 어떤 과목을 맡을지 정하고 각각 다른 색깔로 가지를 표현하도록 약속합니다. 마인드맵을 만든 토니부잔은 '같은 가지는 같은 색깔로 표현해야 뇌 속에서 연속성있게 기억이 강화된다.'고 했습니다. 중심이미지로부터 가지가 멀어질수록 같은 색깔로 표현해야 어떤 분류에 해당하는지 헷갈리지 않을 수 있음을 안내해 줍니다.

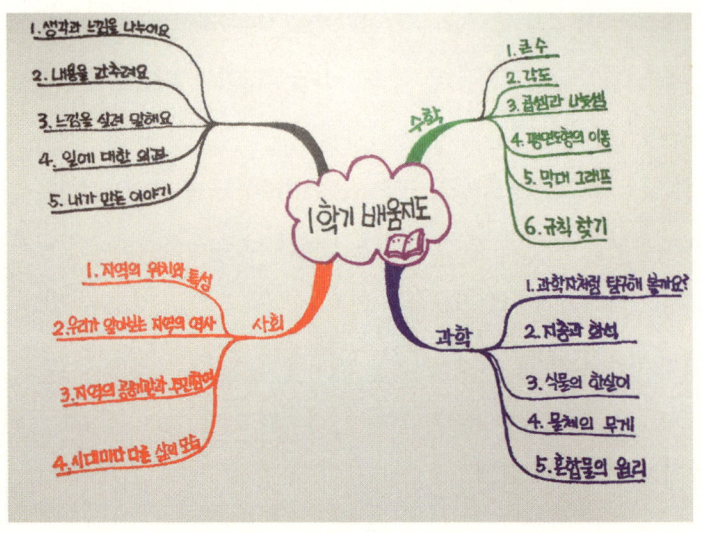

2~3시간 정도의 시간이 걸립니다. 같은 작업을 하고 있기 때문에 마냥 시간을 주기보다 주기적으로 다른 모둠의 활동 상황을 돌아다니며 보고 돌아와 계속 이어 그리게 하는 것이 좋습니다.

(2) 과목별로 모여서 모둠 만들기

각자 맡고 싶은 과목을 정하고, 같은 과목을 선택한 아이들끼리 모둠을 이룹니다. 자신이 좋아하는 과목의 배움지도를 만들 때에 아이들은 더욱 집중력있고 즐겁게 참여합니다.

모둠별로 아이들의 능력 차이가 있기 때문에 교사의 마음에 들지 않을 정도의 수준으로 완성될 수도 있습니다. 하지만 이제 처음 공부를 시작하며 마음을 맞추는 첫 협력 과정입니다. 시작할 때부터 선생님이 "처음 모둠 활동을 시작하며 무엇을 싫어할까요?"라고 퀴즈를 내어 아이들 입으로 대답이 나오게 하는 편입니다.

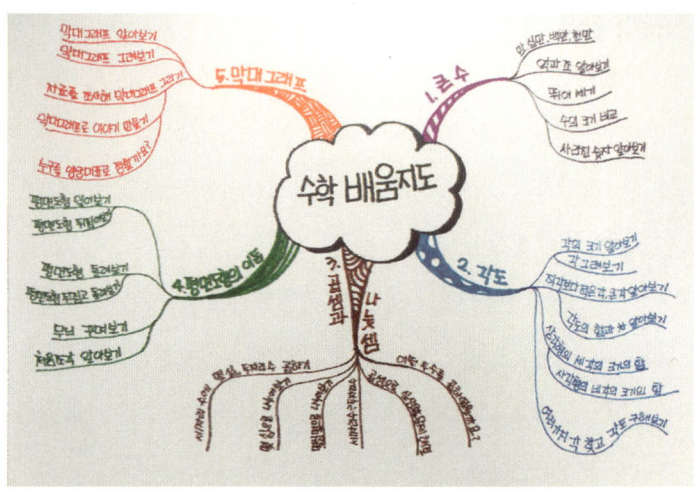

늘 '혼자 다 하기', 그리고 '아무 것도 안하고 무임승차하기'라고 대답합니다! 배움지도는 완성품으로 생각하지 않고, 수업을 해 나가면서 계속 수정하고 보완해가는 과정으로 접근할 때 그 효과가 더욱 커집니다. 그러려면 그림 잘그리는 아이들과 글씨 예쁘게 쓰는 몇 아이들 중심으로 예쁜 완성품이 나오는 것보다, 보기에는 부족해도 내용에 더욱 신경쓸 수 있도록 피드백을 해주어야 합니다.

(3) 공부하고 싶은 내용부터 정리하기

교과서를 훑어보며 과목명-단원명-다음에는 먼저 공부하면 재미있겠다 싶은 내용부터 정리하게 합니다. 아이들의 흥미로부터 공부할 내용을 이끄는 것은 동기유발의 기본! 관심도 없는 내용보다 아이들이 재미있어할 것부터 파악할 수 있는 좋은 계기가 될 것입니다.

3. 배움지도의 활용 아이디어

　일단 만들어둔 배움지도는 게시하여 두고, 단원을 공부할 때마다 공부했음을 표시해 줍니다. 하나하나 미션을 클리어 하는 게임처럼 점점 공부할 것이 줄어두는 즐거움이 눈에 보이게 됩니다.
　그리고 각 과목, 매 단원을 배울 때 미리 단원별 내용을 사진 찍어 확대해 아이들에게 보여줍니다. 그리고 우리가 전체 공부할 내용 중에서 어디까지 와 있는지 나무 사이를 걷다 길을 잃고 헤매지 않도록 전체 숲을 보여주는 과정입니다.

　아울러 학기말, 단원을 마치며 전체적인 복습을 할 때에도 만들어둔 배움지도는 큰 힘을 발휘합니다. 숲 속에서도 길을 잃지 않고 한 학기 잘 살아왔구나! 스스로를 칭찬하는 시간이 될 것입니다.

06 '배움의 공동체'를 통해 배운 모둠 만들기

좀 더 수업을 잘하고자 고민할 때 가장 많이 도움을 받은 것은 역시 '놀이 수업'과 '협동학습', '배움의 공동체'라고 생각합니다. 특히 사토 마나부 교수님의 책을 통해, 그리고 그 수제자이신 손우정 교수님의 '배움의 공동체' 책과 연수를 통해 많은 생각의 변화를 경험했습니다. "책이란 무릇, 우리 안에 꽁꽁 얼어붙은 바다를 깨부수는 도끼가 아니면 안 되는 거야." 1904년 카프카는 친구인 오스카 폴락에게 이렇게 편지를 보냈습니다. 배움의 공동체는 정말 많은 부분에서 제 생각들을 깨트리는 도끼였습니다.

'배움의 공동체'의 기본 철학은 '모든 아이들의 배울 권리와 질 높은 배움을 보장'하는데 있습니다. 한 아이도 버리지 않는 태도와 탁월성을 추구하는 수업! 수업을 준비하면서 매일 마음에 담아 두어야 할 가치라 생각합니다.

1. 배움의 공동체 모둠 만들기

일본의 사토 마나부 교수님에 의해 시작된 '배움의 공동체'에서는 수준에 상관없이 자연스러운 모둠 만들기를 원칙으로 하고 있습니다. '협동학습'에서 이질적인 모둠 구성을 해야 한다고 주장하는 것과 달리 배움의 공동체에서는 제비 뽑기 등으로 정하는 '무작위 모둠'도 괜찮다고 하는 입장입니다. 협동학습에서는 운을 활용해 무작위 모둠을 구성하다 보면, 늘 슈퍼맨 모둠과 형편없는 모둠이 만들어진다는 단점이 있다고 지적합니다. 무엇이든 잘하는 슈퍼맨 모둠, 그리고 "너 때문에 우리 모둠 망했어!"라며 서로를 원망하기 바쁜 모둠까지...따라서 서로 다른 아이들을 골고루 섞은 이질적 모둠을 구성하는 쪽으로 가야 한다고 주장합니다.

"형편없는 모둠이 나와 배움이 있을 수 있겠느냐?"는 반문에 배움의 공동체에

선 적어도 못하는 아이가 일등에게 질문하지 않는다는 문제는 사라진다고 반박합니다. 공부를 못하는 아이들은 종종 일등이 설명하면 못 알아듣지만, 자신과 비슷하거나 조금 잘하는 친구들의 말에는 더 귀 기울이고 의지하는 모습을 보입니다. 그리고 모둠 안에서 문제를 해결하지 못할 경우, 다른 모둠을 살펴보도록 연결해줄 수 있고 그것도 어려우면 선생님이 살펴주면 크게 문제가 되지 않는다고 생각합니다.

물론 초등학교 1,2학년은 모둠 활동보다 짝 활동 중심으로 모둠을 구성하는 것이 효과적입니다. 아직 네 명이 서로의 의견을 들으며 교류하기 어려운 발달 단계이기 때문입니다. 아이들은 보통 동성끼리 이야기하기를 좋아하고, 대개 정면으로 마주하는 친구와 먼저 이야기를 시작합니다. 그런 점에서 **서로 다양한 의견을 교류하기 위해서는 동성은 대각선으로, 이성은 마주 보도록 모둠을 구성하는 것이 좋습니다.**

2. 'ㄷ' 자형 책상 배치하기

'책상의 배치를 어떻게 하는가?'에 따라서 교실 속 배움은 큰 영향을 받을 수밖에 없습니다. 선생님은 어떤 책상 배치를 좋아하십니까?

가장 일반적인 책상 배치는 일제식 배치입니다. 잘 지내지 못하는 학생들을 떨어뜨리기 쉽고, 모두가 앞을 향해 있어 좋지만, 많은 공간을 차지합니다.

'배움의 공동체'를 통해 가장 많이 확산된 책상 배치는 'ㄷ' 자 대형입니다. 학생이 선생님을 바라보는 책상 배치가 아닌, 학생과 학생이 서로 마주 보는 새로운 구조입니다. 'ㄷ' 자 대형은 전체 학생들이 서로의 얼굴을 바라볼 수 있어서 전체 토의를 하기에 최적화된 자리 배치입니다. 'ㄷ' 자 대형은 교사의 설명에도 좋고, 전체 학생들끼리 전체 토의할 때 좋습니다. 교사가 중간 공간을 활용하여 개별 학생들을 일대일로 지도하기도 좋습니다. 하지만 교실이 비좁고 다인수 학급인 경우는 'ㄷ' 자 대형의 장점을 살리기 힘듭니다. 다인수 학급의 경우, 어쩔 수 없이 막힌 'ㄷ' 자 대형이 되기 쉬운데, 이 경우는 오히려 기존 분단 중심 대형보다 단점이 더 많아집니다. 또한 세로줄에 앉아 있는 학생들의 경우, 교사를 바라보려면 자리를 비틀어야 하는 불편함도 존재합니다.

'ㄷ' 자형 배치는 이렇게도 응용해 활용되기도 합니다.

일명 '이중 말발굽' 구조의 자리 배치는 모든 학생들은 앞을 향하고 있다는 장점이 있지만, 뒷줄에서 모든 학생들에게 다가 가기가 어렵습니다.

버터플라이(Butterfly)형 자리 배치의 장점은 모두가 정면을 향하게 되므로 모든 학생 가까이에 쉽게 도달 할 수 있습니다. 다만 자료를 공유하기 힘든 공간을 많이 차지합니다.

'ㄷ' 자형의 책상 배치는 모둠 학습에서 그 진가를 발휘합니다. 모둠 학습이 시작되자마자 안쪽에 앉은 학생이 책상을 뒤로 돌려 빠르게 모둠의 형태를 만들 수 있습니다.

앞 옆 뒤 모두 볼 수 있는 구조여서 일단 선생님이 질문했을 때, 친구 것을 베낄 수 있어서 아이들이 좋아합니다. 사토 마나부 교수님은 '**1만 여 개의 교실을 관찰해 보니, 아이들이 서로 배우는 관계가 교사의 지도력보다 5배 이상의 힘이 있다.**'고 역설한 적이 있습니다. 교사의 지도력으로 학력 저하를 극복한 아이들은 거의 없습니다. 그러나 아이들이 서로 배워가는 관계 속에서 학력 저하를 극복한 사례는 셀 수도 없이 많습니다.

3. 모둠 의견을 하나로 통일하지 않기

모둠으로 4명이 모였지만, 배움의 공동체 수업에서는 하나의 답으로 의견을 통일시키지 않습니다. 하나로 통일하게 되면, 결국 늘 발표하던 한 아이만 발표하게 되기 때문입니다. 모둠 활동은 자연스럽게 4명이 서로 배우도록 하는 것이기 때문에 특별한 학습 과제가 아닌 이상 4명에게 하나의 답을 만들라고 하지 않습니다.

그래야 자기 걸 하게 되고, 못하는 아이는 친구 것이라도 일단 베끼면서 배움에 참여하게 됩니다. 그래서 한 모둠 4명이 서로의 생각을 듣기도 하고, 서로의 활동지를 보기도 하면서 의견을 나누지만, 결과적으로는 자신의 생각을 가지도록 하는 데 초점을 맞춥니다.

"우리 모둠에서는……. 라고 이야기를 나누었습니다."라고 발표하는 대신, 모둠에서 배운 자기 생각으로 "나는……."이라고 발표하도록 지도했습니다.

4. 교사가 수업을 정리하지 않기

  배움의 공동체 수업에서는 정리를 따로 교사가 하지 않습니다. 수업 끝날 때마다 선생님이 정리를 해 주면, 항상 선생님이 마지막에 정리해줄 거라는 생각에 모둠 활동을 소홀하게 할 뿐만 아니라 친구들의 발표도 귀 기울여 듣지 않게 될 수도 있기 때문입니다.
  또 아이들이 자신의 언어로 정리한 내용을 교사의 언어로 정리하면, 아이들 생각에 선생님 이야기가 이해하기 어려울 수 있습니다. 따라서 아이들의 언어로 표현하도록 하고, 그 가운데 오류나 오답이 나오거나 보충할 이야기는 또 아이들의 언어로 연결시켜주는 과정이 필요합니다. 좋은 수업을 하고 싶은 욕심이 있다면, 교사가 가장 멀리해야 할 욕구는 아마도 정답을 알려주고 싶은 욕구가 아닐까요?

07
'거지발' 대신 모두가 발표하기

선생님, 잠시 오늘 아이들과 함께 했던 수업 장면을 한번 떠올려 보세요. 수업 중에 지명 방법은 몇 가지 패턴을 주로 활용하시나요? 별로 떠오르지 않는다면, 아마도 발문법 중 가장 피해야 할 '거지발' 지명을 주로 하고 있는 게 아닌가? 걱정됩니다. 요즘 생각깊은 분들 중에는 아예 지명하지 않는 '자유 지명' 방법도 많이 활용되고 있습니다.

"놀이를 하면서 '이상하다?' '왜 그러지?' 하고 궁금한 점이나 생각한 일을 발표합시다. 지명하지 않을 테니 자유롭게 일어나서 발표해 보세요."

"우리 반 아이들은 아무도 손을 안 들어서 정말 힘들어요.", "우리 반은 저요 저요! 서로 대답하겠다고 떠들어서 시끄러워요." 이런 고민을 가지고 있다면, 이번 기회에 수업에서 어떻게 질문하고, 발표를 시켜야 하는가? 도움이 많이 되었던 지명 방법을 정리해 보았습니다.

1. 거지발 지명

'거지발' 지명은 '거수-지명-발표'의 준말로 거의 의식하지 않아도 발문후 손을 든 아이들 중에 한명을 가리켜 발표하도록 하는 가장 일반적인 수업입니다. 이 방법은 왕도이며, 지명 방법의 중심이기도 합니다.

그런데 이 '거지발' 지명은 치명적인 약점이 있습니다. 자주 손을 들어 발표하는 아이들이 몇 명 뿐이라는 사실입니다. 알고 있어도 손을 들지 않는 아이는 발표하지 않습니다. 즉, 발언 기회가 아이 자신에게 달려 있습니다. '하고 싶지 않으면 하지 않는다.'는 한계가 정해져 있습니다.

거지발 수업의 문제점을 '협동학습' 책에서는 이렇게 묘사합니다.

> 어쨌든 교사는 한 학생을 호명할 수밖에 없다. 그러면 나머지 9명은 손을 내리고 그들의 참여하려는 마음도 함께 내려간다. 종종 작은 목소리로 불평하기도 하는데, 그것은 교사의 주의를 끌기 위한 경쟁에서 패했기 때문이다.
>
> 호명된 학생의 답이 교사의 의도와 다른 경우 그 아이는 갈등에 빠진다. 어떤 아이는 지푸라기라도 잡고 싶은 심정으로 아무 말이나 해대기도 한다. 이때 나머지 9명은 마치 피냄새를 맡은 상어처럼 깨어나기 시작한다.
>
> "선생님, 선생님, 저요, 저요"라고 소리치고 열광하며 생기를 되찾는다. 친구의 실패가 곧 자신이 교사에게 인정받을 절호의 기회로 되돌아온 것이다.

한 반 30명 정도의 학생들에게 질문을 하면 그중에 예닐곱 명 정도가 손을 듭니다. 나머지 20여 명은 딴 생각에 빠졌거나 별로 흥미를 가지지 않습니다. 그러므로 전통적인 거지발 지명은 부정적인 상호의존 작용을 만듭니다. 학생들은 서로를 진정한 경쟁 상대로 여기고 친구가 잘못되기를 바라게 됩니다.

"모르겠어요." "생각이 안 나요."라고 대답하며 발표에 참여하지 않는 아이들도 자기 생각이 나지 않더라도 친구들의 의견을 듣고 이야기할 수 있는 능력을 키워주어야 언젠가 자기 생각을 가지게 됩니다. 이러한 기존의 상황을 반전시킬 수 있는 방식이 바로 '번호순으로' 지명입니다.

'30cm의 공포'(여기서 말하는 '30cm'란 의자에 앉아 있을 때와 일어섰을 때 엉덩이의 높이 차이)에 감정적 스트레스를 받는 아이들은 아예 손을 들지 않게 됩니다.

공개 수업을 보다 보면, 특별한 지명 방법이 없는 젊은 선생님들은 "다른 사람은 없습니까?" 라든지, "○○만 열심히 발표하고 있네요", "항상 이런 것은 아닌데"라고 얼버무리거나 급기야는 "오늘은 수업을 보시는 분들이 있어서 부끄러워하는 걸까요?"라고 발표의 문제를 오신 분들께 돌리기까지 합니다. 하지만 진짜 원인은 평소 몇몇 아이의 발표 이외는 거의 교사가 말하고 설명하는 강의 형식의 수업에 있는 경우가 많습니다.

수업 중 지명 방법은 역시 학습의 목적이나 활동에 의해 몇 가지 패턴을 구분해야 합니다. 기본형의 한계와 과제를 근거로 다양한 지명 방법을 수업에서 함께 활용할 필요가 있습니다.

'거수-지명-발표'의 수업이 무조건 나쁘다는 이야기는 아닙니다. 사실 거지발보다 '발문 응답 시간'이 더 문제가 됩니다. 미국 교사들을 대상으로 한 연구(Rowe, 1974, 1986, 1996)에 의하면, 교사들이 질문 후 학생들의 반응을 기다리는 시간(Wait time)은 놀랍게도 1초가 채 되지 않습니다. 1초 내에 답이 나오지 않으면, 교사들은 질문을 다시 바꾸어 말하거나, 다른 학생에게 질문하거나, 스스로 대답해 버립니다. 학생들이 대답한 경우에도 교사들은 1초도 채 지나기 전에 그 대답에 반응하거나 다음 질문을 시작합니다. 생각할 수 있는 기회를 주지 않거나 기다림이 없는 교수 행위는 일방적인 독백이나 선언에 가깝습니다. 학생들은 고작 '판소리의 추임새'나 노래의 '후렴'을 넣는 역할만 하게 됩니다. 기다리지 않는 수업은 즉각적인 반응만 강요할 뿐, 사고를 요구하지 않습니다.

　이 연구는 질문한 후, 그리고 대답을 들은 후 각각 5초 정도의 기다림이 필요하다고 설명하였습니다. 발문 후에 학생들로 하여금 즉각적인 답변을 유도하는 것은 단순 지식의 재생 혹은 순간적인 사실 판단만을 강요하는 오류를 범할 수 있습니다. **따라서 발문 후에는 한 손을 허리 뒤로 감추고 손가락 다섯을 꼽아 5초 정도의 시간을 두어 학생들이 생각할 수 있는 여유를 주고, 동시에 발문에 대한 학생들의 반응을 두루 살펴보는 것이 좋습니다.**

2. 한 줄 한 줄 차례로 지명하기

지난 시간 공부한 내용의 복습, 답 맞히기 쉬운 질문, 반대로 아무도 대답 할 수 없는 어려운 질문에 대해 한 줄 지명을 자주 활용하는 것도 권하고 싶습니다. 해당 줄의 아이는 반드시 순서가 되면 발표할 준비를 하게 됩니다. 또한 자신만이 아니라 모두가 해당한다는 연대감이랄까 동료 의식이 생깁니다. 또한 "모릅니다."와 "통과"(1회)도 인정함으로써 안정감을 줍니다.

예를 들어 "10억을 준다면 감옥 안에 5년동안 갇혀도 좋다 라는 의견에 대해 여러분은 어떻게 생각하나요?"라고 물었다면, 모두 생각할 시간을 20초 정도 줍니다. 잠시 후에 선생님이 한 줄을 가리키거나 발표통에서 아이 이름 하나를 뽑으면, 그 줄의 아이들은 모두 일어납니다. 첫 번째 아이부터 자신의 생각을 발표하고 자리에 앉습니다. 차례차례 발표하고 앉기 때문에 열 지명이라는 옛 이름 대신 '도미노 발표'라고 따로 이름붙여 활용했습니다. 이때 주의할 것은 앞 친구와 똑같은 생각이라도 "~와 같습니다."라고 대답하지 않고 같은 의견을 반복해 말로 표현하게 합니다. 이렇게 완성된 문장으로 말하는 것 자체가 중요한 공부입니다. 아이들에게도 자주 저학년, 중학년, 고학년 수준에 대해 이렇게 이야기해 줍니다.

(1) 저학년: 단어로 이야기한다. "이순신 장군"
(2) 중학년: 문장으로 이야기한다. "이순신 장군이요." "이순신 장군이라 생각합니다."
(3) 고학년: 근거까지 이야기한다. "이순신 장군이라고 생각합니다. 왜냐하면 임진왜란 때 거북선을 만들었다고 했기 때문입니다."

발표 기회를 교사 주도로 이끌면 학생들 개개인에게는 긴장감이 생기기 때문에 자주 활용했으면 좋겠습니다.

3. 정보의 내용이나 그 아이의 표정, 이해도를 바탕으로 한 '의도적 지명'

미리 학급 전체의 상황과 아이의 의견과 이해도를 파악합니다. 아주 쉬운 질문부터 시작해서 점점 고차원적인 질문으로 지명합니다. 그 때 한 명의 아이만을 지명하지만, 가능하면 여러 아이들을 동시에 지명하기도 합니다. 같은 대답도 똑같이 발표시킵니다. '의도적 지명'은 평소 아이의 성격, 발표력, 정신면, 다른 아이에 대한 영향력을 고려하면서 해야 합니다. 여기에는 아이에 대한 깊은 이해와 교사와의 높은 친밀성이 요구됩니다. 중요한 것은 지명한 아이의 의견을 단발로 끝내지 않고 다른 아이의 의견과 연결짓도록 이어주는 것입니다. 수업의 목적과 연결지어 교사의 의미 부여와 가치 부여가 중요합니다. 의도적 지명이 된 아이가 스스로 생각한 답이 맞았다고 좋아할 수 있도록 전개해야 합니다.

여기에 더해 '연결하는 발언'을 의식하고 활용합니다.

말을 조금만 바꾸어도 되는데 "왜 그렇게 생각했나요?"가 아니고 "어디서 그렇게 생각했나요?"라고 하는 것이 연결하는 발언입니다. 그럼 아이가 "교과서 O쪽의 여기요", "자료의 여기요"라고 이야기 합니다. "그럼 그 자료에서 다른 생각을 한 사람 있어요?" 하면 다른 아이가 대답하며 연결됩니다. 서로 배움을 조직하는 교사는 끊임없이 연결을 합니다.

대부분의 교사들은 '연결짓기' 보다는 '끊는 일'로 수업을 진행하는 경우가 많습니다. "서연이 의견은 어떻습니까?" "그렇군요. 자, 다른 의견은?" 등으로 지명하면 발언과 발언의 연결고리가 끊어져 버립니다. 이때 "경철이는 그렇게 생각하는군요. 경철이 이야기를 듣고 미희는 어떻게 생각했나요?"라고 서로의 발표를 연결하는 것입니다.

"지민이의 발표에 대해 어떻게 생각하나요?"

"동현이의 발표는 누구의 발표와 같을까요? 다를까요?"

"인환이가 한 말은 교과서 어디에 나와 있나요?"

"예진이 발표를 듣고, 나도 비슷한 경험을 했어요 라는 친구가 있나요?" 이렇게 한 학생의 발표를 다른 아이의 발표와 이어주는 일입니다. 수업에서 교사의 활동을 검토할 때는 교사의 활동이 '연결짓는' 활동이 되고 있는가?를 검토하는 게 가장 중요합니다.

   (1) 왜 그렇게 생각했어요? (X)

      어디서 그렇게 생각했어요? (O)

   (2) 그럼 그 자료에서 다른 생각을 한 친구는 있나요? (O)

   (3) ○○가 한 이야기를 듣고, △△는 어떻게 생각했습니까?(O)

   (4) ○○의 발표는 누구의 발표와 비슷합니까?(O)

   (5) ○○가 했던 발표와 비슷한 경험을 한 적이 있습니까?(O)

4. 반드시 찬성과 반대 입장을 밝혀야 하는 '입장 지명'

"98쪽 할아버지의 의견을 어떻게 보나요? ○인가요? ×인가요?"

"재열이의 생각에 찬성합니까? 반대합니까?"

"경희의 입장인가요? 다겸이의 입장인가요?" 등으로 모두가 생각하지 않을 수 없는 상황을 만듭니다. 모두 손을 들어 같은 입장이나 같은 생각을 가진 아이들끼리 자유롭게 자리를 떨어져 이야기 나눌 수 있도록 합니다. 이렇게 하면 개별 발언 기회의 장이 마련되어 서로의 생각을 듣고 새로운 모둠 안에서 생각의 교환, 확장이 이루어집니다.

발문에 대한 자신의 생각을 표현할 때는 '거수'보다 '기립'이 낫습니다. 손을 올리는 것이 아니라 모두 일어서면 더 눈에 띕니다. 답답하게 앉아만 있다가 자리에서 일어나는 것만으로도 교실에서 답답한 몸이 해방되는 느낌이 듭니다. 앉아있는 아이들도 주변의 방해가 되지 않는 범위 안에서 서있는 아이들에게 힌트를 주어도 상관없다고 이야기해 줍니다. 그렇게 함으로써 계속 일어서는 아이가 늘어납니다. 앉아있는 아이는 일어나며 자신이 포함된 의견 쪽 친구가 활약하는 것을 함께 기뻐하게 될 것입니다.

5. 모두가 일어서서 참여하는 '얼음땡 발표'

모든 학생이 발표에 참여하게 하는 방법 중에 '얼음땡 발표'도 재미있습니다. 예를 들어 교사가 사회 시간, 화폐의 필요성에 대해 공부하는 날이라면 "어느 날 아침에 일어나니 세상의 모든 돈이 사라졌습니다. 어떤 일이 벌어질까요?"라고 발문합니다. 앉아있던 아이들은 자신의 생각이나 의견이 정리되면, 제자리에 조용히 서서 '얼음' 동작을 취합니다.

점점 일어서는 아이들이 많아지고 어느 순간 모든 아이들이 자신의 생각을 정리하여 자리에서 일어서게 됩니다. 반 아이들 모두가 생각이 정리되어 일어서게 되면, 그중 한 학생의 어깨에 손을 살짝 대며 "땡"이라고 말합니다. 얼음에서 풀린 아이는 자신의 생각을 발표합니다. 그 아이가 발표하고 나면, 같은 생각을 가진 아이는 모두 함께 앉습니다. 교사는 서있는 다른 아이를 '땡'하며 풀어줍니다. 이렇게 하다보면, 평소에 자리에 앉아서 발표 한번 하지 않던 아이도 자신의 생각을 분명하게 얘기하게 됩니다. 그리고 듣는 아이들도 새로운 의견에 주의 깊게 귀를 기울이게 되는 효과를 보게 됩니다.

더 많은 의견을 브레인스토밍으로 뽑아낼 때도 유용합니다. 예를 들어 "페트병 재활용품으로 할 수 있는 것에는 무엇이 있을까요?"라고 질문했다면, 아이들은 동그라미 번호를 달아 '생각수첩'에 자신의 생각을 정리합니다. 그런 후에 모두 자리에서 일어납니다. 이때 교사가 한 아이를 가리키면 "페트병 재활용품 안에 콩을 넣어 악기를 만들 수 있습니다."라고 대답합니다. 이때 같은 생각을 쓴 아이들 중에 더 이상 생각할 게 없는 아이들은 다 자리에 앉습니다. 계속 서 있는 아이들 중에서 한 명을 가리키면 "페트병 재활용품에 모종을 심어 페트병 화분을 만들 수 있습니다."라고 대답합니다. 역시 더 이상 생각나지 않는 아이들은 자리에 앉게 되고, 계속 서서 남아있는 아이들의 생각은 좀 더 참신하고 기발한 내용들이 남을 것입니다.

6. 번호 순으로 발표하기

"아리스토텔레스는 (   )는 제 2의 재산이라고 했습니다. 모둠 친구들끼리 머리를 맞대고 토의해 봅시다. 여러분은 돈 말고 무엇이 제 2의 재산인가요?" 학생들은 문자 그대로 머리를 맞대고 이야기를 시작합니다. 정해진 시간이 지나면, 교실의 발표통에서 한 명의 이름이 적힌 막대를 꺼냅니다. 이때 뽑힌 아이가 모둠 번호 2번이라면, 각 모둠의 2번이 모두 일어나야 합니다. 학생들이 자신의 정보를 친구들과 나눠서 모두 정답을 공유하고 있고, 교실에는 교사의 신호에 반응할 준비를 갖춰가는 생동감있는 웅성거림이 가득할 것입니다. 그들 중 어떤 친구가 지명되더라도 답을 맞혀서 점수를 얻을 수 있도록 정보를 나누는 것입니다.

[번호 순으로]의 단계

① 학생들 번호 정하기

② 교사의 질문

③ 머리를 모아 문제 해결

④ 교사가 번호를 지적

'번호 순으로' 발표를 발전시키기 위해서는 질문을 한 후에 모여서 생각하기 전에 혼자서 생각할 시간을 약 20~30초 이내로 주는 것이 좋습니다. 개인적으로 생각할 시간은 몇 가지 의의를 가집니다. 성적이 낮거나 느린 학생들이 자신의 생각을 엮어낼 수 있기 때문입니다. 곧바로 모여서 이야기를 나누게 하면, 공부를 못하는 학생들은 잘하는 학생의 답을 들으면서 '자기 생각 만들기'를 쉽게 포기해 버리게 됩니다. 잘하는 학생들에게도 생각할 시간을 주면 더 깊은 사고를 할 수 있습니다. 생각할 시간은 모두에게 더 많은 기회와 평등한 참여를 유도해 냅니다. 함께 모여 생각하기 전에 단 20초라도 여유있게 자기만의 깊은 생각을 할 수 있는 시간을 주어야 자기 나름대로 답을 얻어낼 수 있는 것입니다.

08 '앵무새 발표'로 더 잘 듣는 교실 만들기

유난히 시끄러운 교실을 관찰하다 보니 특이한 공통점을 찾아내게 되었습니다. 100% 선생님도 함께 시끄럽다는 사실입니다. 선생님이 쓸데없는 말을 줄이고 듣는 것에 집중한다면 교실은 더욱 조용해질 것입니다. 선생님도 아이들처럼 먼저 말을 잘 들을 수 있어야 합니다.

"내가 조용히 하라고 몇 번을 말했어? 선생님 말이 말 같지 않아! 조용히 좀 하라고, 조용히 좀!!"

이런 이야기를 듣는 아이들은 어떤 생각을 하게 될까요? 현재 누가 조용히 하지 않고 소리 지르고 있죠? 아이들은 선생님의 말이 아니라 행동을 보고 배웁니다.

"수많은 교사가 자신의 수업을 스스로 방해하고 있다!" 한스 패터 놀팅은 그의 저서 '수업 방해'에서 이렇게 주장합니다. 아이러니하게도 이 방해는 학생들의 수업 방해에 반응할 때 일어납니다.

예를 들어, 한 학생이 다른 학생의 공책을 바닥으로 던지거나, 크게 소리를 지르거나, 보란 듯이 코를 풀거나 할 때의 방해는 몇 초간만 지속됩니다. 하지만 "내가 몇 번이나 얘기했어…… 이게 벌써 세 번째야……. 이런 일이 한 번 더 벌어지면 너희 부모님께……." 등과 같은 긴 호흡의 교정 지시가 그 뒤를 따릅니다. 수업 방해와 싸우려는 선생님의 논평이 실제로는 그 수업 방해를 확장합니다. 교사의 반응으로 인해 원래의 방해 행동보다 더 많은 학습 시간을 잃어 버립니다.

1. 더 큰 목소리로 말해 보라고 말하지 않기

'서로 듣는 관계'가 커뮤니케이션의 공동체적인 배움을 생성합니다. 교사가 교실 맨 뒤 학생의 말을 들을 수 있는 순간, 배움의 공동체가 형성됩니다. '배움의 공동체'를 이끄는 사토 마나부 교수님은 이렇게 선생님께 조언합니다.

> 아이들이 발표할 때 안 들리면 큰소리로 다시 말해보라고 하는데 그것이 아니라 "지금 중요한 말을 했는데 딴 아이들이 못 들었으니 다시 한 번 이야기 해 줄래요"라고 듣는 지도를 해야 합니다. 이 한마디가 교실을 바꿉니다.
> "지금 친구가 재미있는 말을 했으니 다 같이 한 번 들어봅시다."라고 이야기를 해야 합니다

2. 앵무새 발표로 듣는 교실 만들기

수업을 하다 보면, 아이들이 '말하기'보다 '듣기' 연습이 안 되어 있다는 생각을 하게 될 때가 많습니다. 자기 주장은 곧잘 하지만, 자기 이야기를 끝내면 다른 친구들의 이야기는 귀 기울여 듣지 않는 아이들의 모습...어떻게 지도하면 좋을

까요?

　모둠별로 역할극을 한 모둠씩 발표할라치면, 다른 모둠의 발표는 보지도 않고 다들 자기 모둠 발표 준비에 여념이 없습니다. 어떻게 할까 하다가 아이들이 발표를 할 때마다, 다른 아이의 이름을 부르며 "앵무새 발표"라고 불러주면, 방금 전에 발표한 아이의 대사를 녹음기처럼 똑같이 반복(REWIND)해 이야기하도록 약속했습니다.

　하지만 자칫 항상 다른 아이들의 이야기를 기억해야 한다는 것 자체가 고문일 수 있어서 언제나 예고를 하고 있습니다.

　"자, 이제 선영이가 어떻게 체험학습 버스에 앉으면 좋은지 자기 생각을 발표 하겠습니다. 누가 가장 앵무새처럼 잘 들었는지 확인해 볼까요?"

　우선 한 명이 발표를 하면 다음 아이를 지명합니다. 다음 학생은 앞 친구의 발표 내용을 그대로 되풀이한 다음에 자기의 생각을 발표합니다. 예를 들면

① 지연이가 발표한 후 다음 아이인 동현이를 지명합니다.
　(남자는 여자를, 여자는 남자를, 제비뽑기 프로그램을 이용해도 좋아요.)

② 동현이는 "지연이의 생각은 ………입니다. 제 생각은 ……입니다.
   릴레이 식으로 계속 발표합니다.

③ 친구의 이야기를 잘 듣고 앵무새 발표를 한 아이에게는 "열심히 들으려고 몸을 기울여 노력하는 모습을 보니 정말 기쁩니다." 등으로 내적 동기를 키울 수 있는 격려를 해 줍니다. 이렇게 하니 다른 사람의 발표때 듣는 자세가 조금은 좋아지는 것 같습니다.

2013년 대구 들안길초등학교에서 최혜경 수석 선생님의 수업을 2시간 동안 참관한 후, 함께 이야기 나눌 시간이 있었습니다.

"선생님은 발문하시고, 아이가 발표할 때 다른 아이들이 떠드는 데도 내버려 두고, 아이만 바라보시던데…….그러면 떠드는 아이들 때문에 수업이 방해되지 않을까요?"

최혜경 선생님의 대답이 오래오래 파문처럼 마음에 남아 있습니다.

"제가 여러 선생님들 수업을 컨설팅하며 당혹스러울 때가 그런 때에요. 적지 않은 선생님들은 질문을 하고, 대답을 들을 준비를 하지 않고 다른 아이들을 보더라고요. 그리고 이렇게 말씀하셨어요. 선생님이 경청이 중요하다고 몇 번을 말했어요. 준성아, 방금 전에 친구가 뭐라고 했는지 다시 말해 봐요. 아니, 친구 말할 때 뭐하고 있었던 거야?"

"저는 경청이 중요하다면, 무엇보다 아이가 발표할 때 진심으로 온 마음을 다해 그 아이를 바라보고, 그 아이의 서투른 한 마디에도 진심으로 반응하고 격려해주어야 한다고 생각해요.

오! 그렇게도 생각할 수 있군요. 선생님도 적어 놓아야겠어요. 내년에 가르칠 후배들에게 이야기해 주어야지!"

이렇게 온 마음을 다해 발표하는 학생에게 집중하고 있으면, 시간이 지날수록 교실의 아이들은 변화되기 시작한다고 말씀하셨습니다. 그건 오래오래 아이들을 가르치는 교사들만이 알 수 있는 변화라고……. 언젠가 달라질 거라는 믿음을 안고 아이들을 바라보고 기다려줄 때 찾아오는....

> 키가 자라는 일, 말을 배우는 일, 생각이 깊어지는 일, 마음이 넓어지는 일, 삶이 자유로워지는 일 ……. 이런 일들은 우리가 모르는 사이에 일어납니다. 오랜 시간이 자연스럽게 만드는 일일수록 우리에게 중요하고 가치 있는 일입니다. 뚜렷한 변화가 빨리 일어나지 않는다고 낙심할 필요는 없습니다. 변화가 눈에 보일 정도로 빠르다면 별로 가치가 없거나 삶에 도움이 안 되는 일일 수도 있습니다. 내 마음이 정말로 중요한 무언가를 향해 가고 있다면, 변화가 느리더라도 언젠가는 그곳에 닿을 것입니다.
>
> - C.S.루이스 -

뚜렷한 성장이 없어 낙심하고 있습니까? 교실에서 중요한 변화는 느리지만 분명히 일어납니다.

재미있게 놀이로 발표하는 5가지 방법

"우리 반 아이들은 너무 발표를 하지 않아 고민이에요. 발표하는 아이들도 몇 명 정해져 있어요. 이렇게 매일 일부 발표 잘하는 아이들에 의해 수업이 진행되고 있어요. 많은 아이들이 여러 가지 다양한 발표를 해주면 정말 바랄 게 없겠는데……."

발표하는 아이들이 적기 때문에 수업이 제대로 되질 않아 걱정인 선생님들의 고민을 자주 전해 듣습니다. 실제로 이런 고민을 가지고 있는 교사는 매우 많습니다. 어쩌면 이와 같은 고민을 하지 않았던 교사는 없다고 말하는 것이 더 적절한 표현일지도 모르겠습니다. 그런데 정말 아이들은 발표하기를 싫어하는 것일까요? 결코 그렇지는 않은 듯 합니다. 쉬는 시간, 그리고 밖에서 자유롭게 놀 때에는 큰 소리로 말하고, 소풍갈 때 버스나 전철 안에서의 그 소란스러움, "조용히 하세요.", "입 좀 그만 다물라고 했죠?"라고 아무리 말해도 조용히 할 줄 모르는 아이들의 그 에너지, 그 기세!

아이늘은 결코 '발표하기를 싫어하는 것'이 아닙니다. 사실은 발표하고 싶어서, 이야기하고 싶어서 견딜 수가 없는 것이 아닐까요? 그것이 아이들 본래의 요구이며, 자연스런 모습입니다. 그런데 교실에서는 그것을 위축시키고 있는 그 '무엇'이 있습니다. 그래서 아이들은 그 '무엇' 때문에 말하지 못하며, 말하지 않는 것입니다. 교사가 이렇게 인식하는 것이 무엇보다도 중요합니다.

이렇게 인식했다면 처음 아이들을 만난 3월, 새로운 다짐으로 수업을 시작한 교실에서 아이들이 좋아하는 '놀이'를 통해 조금은 더 편안한 마음으로 더 많은 아이들이 발표할 수 있도록 이끄는 방법을 도입하길 권합니다. 아이들과 처음 만날 때야말로 아이들 마음을 위축시키는 그 '무엇'을 털어버릴 수 있도록 도울 수 있습니다.

1. 엽기토끼 발표하기

뽀글샘이 만드신 엽기토끼 발표 플래시툴은 list.txt 파일을 메모장으로 열어 우리 반 아이들 이름을 입력하면 바로 사용할 수 있습니다. 아이들이 좋아하는 변기 위에 앉은 엽기토끼 마시마로를 클릭하면 '뿌웅' 소리와 함께 발표할 아이의 이름이 화장실 두루마리 화장지에 적혀 나타납니다.

무엇보다 한번 뽑힌 학생은 다시 나타나지 않기 때문에 모든 아이들에게 고루 발표할 기회를 줍니다. 재미있는 엽기토끼가 뽑아주기 때문에 더욱 즐겁게 발표에 참여합니다. 마우스로 변기 위의 '토끼'를 클릭하거나, 키보드의 스페이스 바를 누르면 학생이 선발됩니다.

2. 지브리쉬어로 말하기

'지브리쉬어로 말하기'는 서준호 선생님(http://blog.daum.net/teacher-junho)께 소개받아 두렵지 않은 발표 연습을 시키려고 할 때 학기 초에 활용하는 연극놀이입니다. 교실에서 평소에 발표를 하지 않으려는 아이들도 놀이라고 생각하면서 즐겁게 참여했습니다. 이 놀이를 하려면 먼저 선생님부터 마음을 열어

망가지셔야 도움이 됩니다.

"지금 우리들은 이 세상에 존재하지 않는 '지브리쉬'라는 나라에 살고 있습니다. '지브리쉬' 나라에서는 '지브리쉬어'만 쓸 수 있습니다. 선생님 안녕하세요 라고 말하고 싶으면 옹당구라 삥땅뚱따리 이렇게 말도 안 되는 지브리쉬어를 만들어 말해야 합니다." 이렇게 예를 들어 설명하고, 먼저 선생님이 입에서 튀어나오는 대로 과장섞인 몸짓과 함께 시범을 보입니다.

"야발라칸테 꾼뜨르 빌리야?" 약간의 시범을 보여주고 "내가 좋아하는 것" 등의 주제를 준 후에 '지브리쉬어'를 사용하는 시간을 가지면, 웃음을 참지 못할 만큼 재미있는 발표가 이어집니다. 그리고 그만큼 발표는 부담 없는 순간이 되어갑니다. 발표가 어려운 까닭은 실패가 자신의 능력 부족임을 드러내는 것으로 생각되기 때문입니다. 이 아이들에게는 실패를 무능력의 표시이자 막다른 길이라고 여기는 대신 노력의 표시이자 전환점으로 생각할 수 있도록 도와야 합니다. '지브리쉬어로 말하기'는 프랑스 명문 대학원의 실수 축제(Festival of Errors)처럼 교실에서도 실수를 통해 배운 점을 이야기 나누는 시간이 함께 뒤따라야 합니다.

3. 엑스맨 발표하기

국어나 도덕, 사회 교과 등 아이들의 발표가 중심이 되는 수업을 시작하기 전에 먼저 엑스맨을 5~10명 정도(한 반 30명 정도일 경우) 융통성 있게 선정합니다. 책상 위에 눈을 감고 엎드려 있을 때 선생님이 살짝 어깨를 손으로 친 아이들이 엑스맨으로 선정됩니다. 아이들의 눈치가 빨라서 혼란을 주기 위해 그냥 손을 갖다 대면서 한 바퀴를 돌고 난 후 수업을 시작합니다.

수업 시간에 '엑스맨'으로 선정된 아이는 적어도 그날 하루에 한번 이상 발표를 해야 합니다. 수업이 끝날 즈음에 골든벨 판을 꺼내 엑스맨일 것 같은 친구들을 1~2명 정도 적으라고 합니다. 다 맞추면 학급의 보상제도 대로 보상합니다. 만약 '엑스맨'이 활동을 못했다고 해도 비난하면 안 됩니다. 간단히 책상 줄 맞추기, 교실 쓰레기 10개 줍기 정도의 가벼운 봉사 활동을 하도록 합니다. 실제로 해 보면 발표를 안하는 아이들, 특히 여학생들의 발표율이 높아집니다. 무엇보다 엑스맨이 아닌 데도 혼선을 주기 위해서 발표를 하는 아이들의 모습까지 보게 될 것입니다. 그때 선생님의 격려가 뒤따른다면, 아이들은 더욱 실패에 대한 두려움 없이 발표를 하게 될 것입니다.

4. 발표 화살표로 발표하기

'발표 화살표로 발표하기'는 놀이를 이용해 발표자를 뽑는 색다른 지명 방법입니다.

선생님이 먼저 "발표 화살표를"이라고 선창하면, 학생들은 "쏘세요."라고 모두 함께 외칩니다. 이때 남자아이들은 다른 모둠의 여자아이를, 여자아이들은 다른 모둠의 남자아이를 한 명 가리키도록 약속합니다. 이때 선생님이 5부터 10까지의 숫자 중에 하나를 부릅니다.

예를 들어 선생님이 "5"라고 외치며 길동이를 가리켰을 때를 생각해 보겠습니다. 길동이는 "1"이라고 외치며 선영이를 가리킵니다. 이때 길동이가 가리킨 다른 모둠의 여자아이 '선영이'가 "2"라고 외치며 정환이를 가리킵니다. 그다음 선영이가 가리킨 다른 모둠의 남자아이 '정환이'가 "3"이라고 외치고, 정환이가 가리킨 미경이가 "4", 미경이가 가리킨 재욱이가 "5"라고 외치며 다른 모둠의 여자아이 진화를 가리킵니다. 이때 처음 선생님이 "5"라고 외쳤기 때문에 재욱이가 "5"라며 가리킨 여자아이 진화가 일어나 발표를 해야 합니다. 이렇게 숫자만큼 손가락을 따라가서 선생님이 처음에 불렀던 숫자의 마지막 순서에 해당하는 아이가 발표합니다. 차례차례 발표 화살표를 따라가는 긴장감이 더해서 아이들이 무척 흥미진진해 합니다.

5. 텔레파시 가위바위보 발표하기

특별히 한 아이를 뽑아 지명하기 곤란할 때에 교사와 발표할 학생 모두가 함께 가위바위보를 합니다. 선생님이 "텔레파시 가위바위보"라고 말하고, "하나둘셋"이라고 외쳤을 때 아이들과 함께 가위바위보를 합니다. 이때 선생님이 가위를 냈다면, 함께 가위를 낸 아이들만 일어섭니다. 일어선 아이들만 선생님과 텔레파시로 마음이 통했다고 하면서 발표를 시키면 됩니다.

만약 교사와 같은 가위바위보를 낸 아이가 8명이라면, 그 아이들만 차례차례 모두 발표를 할 기회를 주면 됩니다. 단순히 놀이라는 장치를 더했을 뿐인데도, 부담없이 즐겁게 발표에 참여하는 아이들 모습을 보게 될 것입니다.

학생들의 발표력 신장은 하루아침에 이루어지는 것이 아닙니다. 교사의 꾸준한 관심과 지도가 특히 요구됩니다. 아이들을 발표시키는 방법이 다양한 만큼 더욱 아이들의 흥미를 불러 일으키게 될 것입니다.

아이들을 3월 처음에 만나고 주말이 지나 월요일이 되면, 늘 줄줄이 발표를 했습니다. 줄줄이 발표는 프레네 교육학에서 중시하는 '꾸아드 네프'(Quoi de neuf = '뭐 새로운 소식이 있습니까'라고 묻는 프랑스의 안부 인사)를 우리 식으로 활용해 만들었던 발표인데 여기에 놀이를 더했습니다. 월요일 아침이면 지난 주말에 있었던 일을 모두 돌아가며 이야기하도록 했는데, 이때 문장을 완성해 발표하도록 했고 무엇보다 친구들이 궁금해하지 않도록 발표하는 훈련을 했습니다. 예를 들어 "영화를 봤습니다."라고 말하면, "어떤 점이 궁금해지나요?"라고 다른 친구들에게 되묻습니다. "어떤 영화를 봤는지 모르겠습니다.", "그 영화가 재미있었는지 없었는지도 궁금합니다."라고 친구들의 질문을 더해 다시 한

번 발표하게 했습니다. 그러면 아이들은 "저는 이번 주말에 명탐정 코난 만화영화를 봤습니다. 주인공이 멋진 추리로 범인을 잡았을 때 정말 통쾌했습니다."라고 고쳐 발표합니다. 모든 아이들이 발표를 끝내면 저는 아이들이 발표하는 내내 간단히 메모했던 내용을 중심으로 퀴즈를 냅니다. "지난 주말에 친구들과 보라매 공원에 다녀온 친구는 누구누구입니까?", "지희는 지난 주말 가족과 어디를 갔나요?" 정답을 아는 아이들은 스스로 일어나게 하고, "하나둘셋" 신호와 함께 정답을 크게 외칩니다. 정답을 맞힐 때마다 손가락을 하나씩 꼽아 5개의 문제를 모두 맞힌 아이는 누가 있는지 확인해 줍니다. 이런 작은 질문을 통해 친구들에 대한 관심이 길러지고, 아이들은 주말을 보내며 월요일에는 내가 보낸 주말을 어떻게 친구들에게 발표할지 생각하게 됩니다.

  아이들이 좋아하는 놀이를 통해 학생들에게 더 많은 발표 기회를 제공하고, 학생들의 발표 기법 체득에 의한 수준 높은 발표로 교실 수업이 더욱 적극적인 참여 수업이 이루어지길 바랍니다.

즐거운 초성 게임으로 이야기 트기

"교사들이 미칠 때 즈음에 방학이 있고, 학부모님들이 미칠 즈음에 개학이 있다고 합니다. 개학날, 대개 4교시 정도의 시간동안 선생님은 어떤 수업을 준비하고 진행하십니까? 곧바로 2학기 교과서를 펴고 수업을 시작할 수도 있지만, 슬슬 워밍업하는 수업을 준비하는 것은 어떨까요? 꼭 개학날이 아니라도 새로운 단원을 들어가며 아이들이 이미 알고 있던 것들로부터 이야기를 꺼낼 때도 큰 도움이 되는 '초성게임'에 대해 알아볼까요?"

> 교사 교육자료 공유 사이트인 예은이네 홈페이지에 올라왔던 글입니다. 이런 후배의 글에 어떤 지혜를 나누어주실 수 있을까요?
> "안녕하세요. 올해 발령난 신규 교사입니다. 개학 첫날 무엇을 하면 좋을까요? 아무리 찾아봐도 모르겠어요. 내내 방학동안 놀았던 아이들과 바로 2학기 교과서를 열어 공부하는 것도 아닌 것 같고... 경력 선생님들은 어떻게 하시는지 궁금합니다."

1. 반복되는 수업 속에 '성장'이 숨어 있다.

교직에 있는 동안 교사라면 한 해에 두 번, 10년이면 20번, 20년이면 40번, 30년이면 60번 이상의 개학날을 맞이하게 될 것입니다. 그런데 그때마다 방학과제 검사를 하며 안한 아이들을 혼내고, 교실 청소로 대부분의 시간을 보낸다면 정말 시간이 아깝지 않나요? 어느 해에는 초콜릿을 준비해서 한 명 한 명 앞에 서서 이야기하다 1분에 도전하게 미션을 주었습니다. 방학동안 있었던 일을 발표하다가

55초에서 1분 사이에 "그만"이라고 외쳐 성공하면 초콜릿을 주었습니다.

어느 해에는 '방학 이야기'라는 플래시 자료를 만들어서 아이들이 지루해하는 방학과제를 검사받는 동안, 번호순으로 앞에 나와 화면에 보이는 번호를 고르고, 나오는 주제에 맞춰 이야기할 수 있도록 진행했습니다.

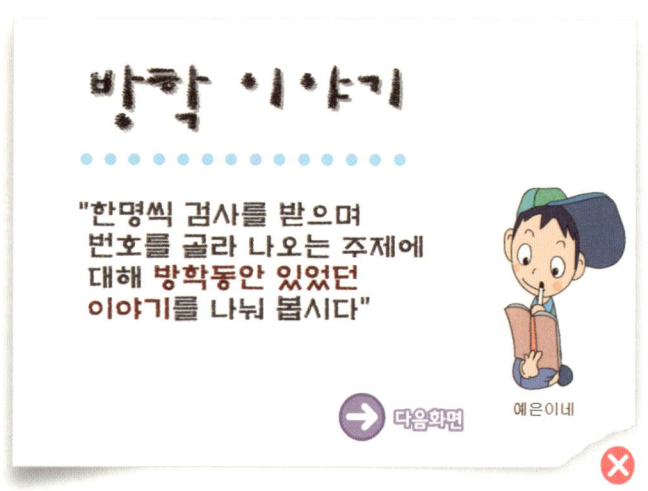

방학이야기 플래시 자료는 data.txt파일을 더블클릭하여 실행하면 메모장이 뜹니다. 그 안의 주제를 나누고 싶은 이야기 주제로 수정할 수 있습니다.

최근에는 '초성 게임'과 '3인 수다' 활동을 통해 개학날, 지난 방학동안 있었던 일을 이야기 나누고 있습니다.

'수업'을 통해 성장하고 싶다면, 같은 수업을 여러 번 반복해보기를 권합니다. '6학년 선생님 밴드'의 최창진 선생님 글에서 '동료 장학'을 공동 수업 지도안으로 하고 계시는 모습에 감탄했습니다. 동학년 선생님 중 한 분이 소프트웨어 교육으로 공동 수업 큰 주제를 잡고, 한 분이 프레젠테이션 파일(PPT)을 만들고, 한 분은 발문 아이디어를 내고, 한 분은 맥을 잡아 줍니다. 이렇게 한 반이 수업을 하면 최대한 그 교실로 다 모여 그 수업을 보며 발문에 집중하고, 활동 순서도 바꾸고, 내키지 않으면 수업 안에서 뺍니다. 이렇게 같은 수업을 매번 모이고 바꾸다 보면 같은 수업 하나가 얼마나 깊어질 수 있는가를 체험하게 됩니다. 그리고 매일 일상의 수업에 그런 수업을 꿈꾸게 됩니다. 최창진 선생님 교단 일기에 '공동 수업을 통해 혼자 성장하는 것보다 함께 성장한다는 느낌을 받았는데 참 축복이지 싶었다.'라는 글이 마음이 묵직하게 남았습니다.

6학년만 계속 해오다 보니 좋은 점이 바로 같은 수업을 반복하며 자신이 '성장'한다는 느낌을 받는다는 것입니다. 저는 매일 수업일기를 쓰고 있습니다. 그래서 수업을 하기 전에는 어찌 가르쳤나 예전 수업일기를 한번 훑어봅니다.

사회 1단원. '우리 생활과 민주 정치' 1차시 사례를 통하여 정치가 무엇인지 이야기해 봅시다. 주제로 수업을 준비하는 과정입니다.

먼저 2015년 8월 28일 수업 일기를 들여다 봤습니다.

2015년에는 정치에 대한 브레인스토밍을 통해 정치에 대해 떠오르는 답들을 정리하고, 교과서를 열어 정확한 정치의 뜻을 알아봤습니다. 그런 후에 교실 속 문제를 '학급 평화회의'를 통해 해결해 보았습니다. '교실에서 팽이를 치는 아이들 때문에 보행에 방해가 된다.'는 의견이 나왔고, 바닥에 팽이 존(ZONE)을 종이테이프로 정해 그 안에서 놀도록 했습니다. 그리고 이런 학급 평화회의가 왜 '정치'인지 아이들에게 되물었습니다.

담임 허승환 소중한 자녀! 믿고 맡겨주셔서 감사합니다
2015년 8월 28일 오후 3:26

<2015년 8월28일 금요일 알림장>
" 우리 함께 만난지 98일째 되는 날!
　방학내 편하게 보내다 다시 학교시간에 얽매여 일찍 등교하고 공부하는 생활이 조금씩 습관이 되어가는걸 느낍니다. 오랜만에 학교를 나와 피곤했지만, 드디어 황금같은 주말입니다. 다시 공부하려니 힘들었던 몸과 마음의 피로 다 풀어내는 행복한 주말되길 바랍니다."

<아침자습> 교실에 쌓인 폐휴지, 옛날 교과서를 버리고 운동장 세 바퀴를 돌았다.
<1교시: 음악 교과전담>
<2교시: 영어 교과전담>
<3교시: 1.쌓기나무 수 구하기>
　명탐정 코난의 이야기로 스토리텔링을 만들어 직접 쌓기나무의 수를 세어보는 탐정이 되었다. 함께 '손안에 있는 쌓기나무' 어플을 설치해 직접 휴대폰으로도 실습하도록 했다. 도형 영역은 아이들이 크게 어려워하지 않아 2학기 수학공부 시작이 부담스럽지 않았다.
<4교시: 과학 교과전담>
<5교시: 사회 1단원. 우리생활과 정치>
　교과서를 펴지 않고 '정치'란 무엇인지 이야기나누었다. '국가가 잘 다스리는 것', '국가가 국민들이 잘 살도록 하는 것', '국회의원들이 하는 것', '나라의 살림살이를 꾸려가는 것' 등 다양한 대답이 나왔다. 그런 후에 교과서를 열어 '공동의 문제를 함께 해결하는 활동'이면 모두 '정치'라는 사실을 환기시켜주었다. 아울러 군주정치와 민주정치로 나누어 생각해본 후에 책상을 뒤로 밀고 '정치', 즉 학교평화회의를 하기로 했다. 시작할 때는 듣고 싶은 격려의 말을 포스트잇 쪽지에 적어 오른쪽 아이에게 전달한 후, 다시 원래 아이에게 그 말을 들려주며 행복한 시간을 가졌다. 듣고 싶은 이야기를 친구가 들려줄 때의 마음의 평안함을 기억했으면 좋겠다.
　나온 안건은 1. 펑이치는 구역을 정하기 2. 교과수업 시간 태도가 안 좋은 문제를 해결하기 위해 '수업일지적기' 로 각각 찬성 23표, 24표가 나와 시행하기로 했다.
<6교시: 창체- 중학교 선배님과의 대화>
　미성중학교에 다니는 허정, 이정은, 채은비, 신시윤 언니들의 도움으로 중학교 선배

　2016년 8월 31일 수업에서도 역시 '정치'를 키워드로 떠오르는 단어를 발문했습니다. 아이들의 발문을 모두 칠판에 마인드맵으로 정리하고, 교실속 삶의 문제를 통해 '정치' 활동을 했습니다. '휴대 전화를 몰래 하는 아이들 문제', '모두가 참여할 수 있는 학예회 종목 정하기'라는 주제로 학급 임원들이 앞으로 나와 회의를 진행했습니다. 벌금을 내게 하는 의견이 통과되었지만, 나중에 더 깊은 토론을 통해 벌금을 내지 못하는 아이들의 상황이 부각되며 벌금을 걷는 상황까지 가진 않았습니다. 덕분에 중학교에서 많이 활용되고 있는 '벌금 제도'가 교실에서 어떤 문제가 있을지 인권의 시각에서 생각해볼 수 있는 좋은 기회가 되었습니다.

허승환
2016년 8월 31일 오후 8:02

<2016년 8월 31일 수요일 알림장>
" 오늘은 8월의 마지막 날입니다. 이제 내일부터는 진짜 2학기가 시작됩니다. 스스로 1학기를 돌아보니, 참 좋았던 점도 많지만 이 세가지만은 더욱 욕심내어 보내려고 합니다.
 (1) 도서관 책 빌리기
 (2) 수학 성적 올리기
 (3) 일기 매주 2편쓰기
  1학기에 도서관 이용은 가장 많이 했지만, 책을 빌린 순위는 5위였습니다. 수학 공부를 열심히 한다고 했지만, 수학경시대회 결과가 좋진 않았습니다. 그리고 7명 정도의 아이는 매번 혼나면서도 일기를 내지 않았습니다. 2학기에는 좀더 챙겨 스스로 노력하는 61평화반이 되길 응원합니다. 내일부터 본격적인 초등학교 마지막 한 학기 힘차게 보냅시다!"
<1교시: 과학 교과전담>
<2교시: 체육 교과전담>
<3교시: 사회 1-(1)우리 생활과 민주정치>
  '정치'를 키워드로 어떤 단어가 떠오르는지 물었습니다. '국회의원', '대통령', '국회' 등...정치는 그런게 아니라 우리 생활속에서 많은 사람들이 갈등과 대립이 일어나는 공동의 문제를 해결해가는 활동이라는 것만 깨달아도 된다고 이야기나누었습니다. 오늘은 '휴대전화를 몰래 하는 아이들', 그리고 '모두가 참여할 수 있는 학예회 종목'에 대해 간단한 '정치 활동'을 진행했습니다. 휴대전화를 몰래하는 아이들을 어떻게 할 것인가 토의한 결과, 벌금 500원을 내게 하고 학급파티를 할 때 활용하자는 의견이 통과되었고, 학예회 종목은 '댄스'로 정하고 6명의 아이들이 댄스곡과 안무를 담당하기로 했습니다.
  그리고 '군주정치'와 '민주정치'로 정치를 구분해 보고, 규칙이 필요한 까닭을 알아봤습니다.
<4교시: 수학 1-(3) 쌓기나무를 위,앞,옆에서 본 모양 알아보기>
  쌓기나무를 준비해 나누어주고, 앞과 옆, 뒤에서 본 모양을 그려보는 시간입니다. 시작할 때 W.C가 화장실에 붙어 있는데, 무슨 모양일까 농담을 던졌습니다. W는 엉덩이를 뒤에서 본 모양, C는 옆에서 본 모양이라고 하니 모두들 빵 터졌습니다. 공간

  2018년 8월 29일 수업에서는 역시 '정치'라는 단어를 듣고 떠오르는 단어를 모두 발표할 수 있도록 허니 컴보드를 활용했습니다. 정치의 뜻을 공부하고 난 후에는 퀴즈를 통해 정치와 정치가 아닌 것을 제대로 구분하는지 메타인지를 활용했고, 마지막 10분 정도는 11월 2일로 다가온 '학예회 종목 정하기', 가까이 다가온 아이들 삶의 문제를 '정치' 활동을 통해 결정했습니다. 그리고 왜 '학예회 종목 정하기'가 정치인지 발문하고, 우리 생활 속에 정치의 사례를 발표해보고 수업을 마쳤습니다.

스스로의 한계는 있지만, 수업을 반복하다 보면 '성장'의 키워드를 찾게 됩니다. 그러려면 기억을 더듬지 않고 '기록'하는 방법이 최선입니다.

<8월29일 목요일 알림장>
"벌써 개학하고 3일째, 90일중에 3일이나 지났습니다. 아직 긴 방학으로 맞추어진 몸이 공부하는게 피곤하겠지만, 하루하루 좀더 열심히 공부하는 모습보니 기쁩니다.
<아침자습> 두줄쓰기 공책 정리후 아침 독서를 차분하게 했습니다.
<1교시: 영어 교과전담>
<2~3교시: 체육 '2반, 1반과 짐볼 보호막 피구' >
<4교시: 과학 교과전담>
<5교시: 사회 1.우리 생활과 민주 정치>
　교과서를 덮고, '정치'라는 말을 들으면 무엇이 떠오르는지 '허니컴보드'판에 적어 칠판에 붙여 보았습니다. 아이들이 가장 많이 떠오르는 말은 '대통령', '국회의원', '문재인' 등이었습니다. '경쟁' 이란 단어가 두개나 보여 아이들의 의견을 묻고, 뉴스를 통해 국회에서 보여준 모습들이 얼마나 부정적인가 싶었습니다. '세금'이란 단어도 두개 나와서 이김에 '국회'가 하는 일이 '예산안 심의확정', '결산 심사' 등 세금을 어떻게 쓰는가를 심사하는 일임을 이야기 나누었습니다. 아울러 '헌법', '법' 등의 단어가 반갑게 나와서 또 하나 국회가 하는 일이 '헌법 개정', '법률 개정' 등임을 언급했습니다.
　이어 교과서를 중심으로 '정치'가 국회나 대통령만 하는 게 아니라 ' 갈등이나 대립을 조정하고 많은 사람에게 영향을 끼치는 공동의 문제를 해결해가는 활동'임을 정리했습니다. 퀴즈를 통해 '정치'와 '정치가 아닌 것'을 구분하며 왜 방학 계획을 세우는 일이 정치가 아닌지 증명하도록 했습니다. 마지막으로 10분 정도의 시간을 내어 11월2일(금) 학예회 종목을 정하는 일이 '정치'인 까닭을 이야기나누고, 직접 정치를 해 보았습니다. 2학기 학급임원들의 사회로 진행된 회의끝에 은규가 제안한 '연극 공연'으로 종목은 결정되었습니다. 세정이가 제안한 '개그 공연'과 투표수 차이가 얼마 나지 않아 좀더 회의를 진행하며 '유쾌한 연극'쪽으로 방향을 정해보려고 합니다."
<6교시: 음악 '통기타 수업'> 내일만 지나면, 방학같은 주말! 피곤한 몸과 마음을 충분히 쉴 수 있기를!!

2. 초성 게임 활용하기

　초성 게임은 긴 방학동안 있었던 중요한 사건 키워드를 초성으로 제시하고, 모둠별로 상의하여 정답을 확인하는 게임입니다. 초성 퀴즈(初聲Quiz) 혹은 자음 퀴즈(子音Quiz)라고도 불리는 한글 놀이 중 하나로, 어떤 단어의 초성만을 알려주고 그 단어를 알아맞히는 놀이입니다. 예를 들어, 정답이 '풍전등화'인 경우는 문제를 'ㅍㅈㄷㅎ'로 내는 식입니다. 또한, 풀이를 쉽게 하기 위해 어떤 주제(예:

영화 제목-ㅂㅌㅁ : 배트맨)를 제시하는 식으로 힌트를 주기도 하며, 경우에 따라서는 정답이 둘 이상(예: 가족-ㅇㅃ : 아빠, 오빠)일 수도 있습니다.

(1) 쉽게 활용하는 초성 카드 게임

초성 카드를 만들어 두면 아무 때나 즐겁게 초성 게임을 즐길 수 있습니다. 전두엽은 우리 몸의 CEO 역할을 담당하는 곳으로 기억력과 사고력을 관장하며 행동이나 감정을 제어하고 사람들과의 커뮤니케이션을 담당하는 기관입니다. 전두엽의 가장 중요한 기능이 바로 작업 기억, 또는 워킹 메모리 working memory입니다. 워킹 메모리는 한번 들었던 이야기를 머릿속에 그대로 유지해 놓고, 그 이야기를 띄어놓은 상태에서 한 번 더 조작을 가해서 어떤 문제를 해결할 수 있도록 하는 것입니다. 워킹 메모리가 부족한 아이는 들어오는 정보를 무조건 외워 버리려고 하지만, 워킹 메모리가 좋은 아이는 들어오는 정보를 자신만의 특별한 방식으로 배열한 후 기억장소로 보냅니다. 그렇기 때문에 우리가 저장된 정보를 사용(예: 시험을 보거나 대화하기 등)하기 위해 인출할 때 조직화가 잘 되어 있는 아이들이 자신이 기억하고 있는 정보를 응용할 수 있는 범위가 넓어지게 됩니다. 워킹 메모리 테스트로 많이 하는 게 '단어 거꾸로 말하기'입니다. 우리가 단어를 듣고 거꾸로 대답할 때는 들었던 단어를 거꾸로 재배열해야 하는데, 이때 작동하는 기능이 전두엽의 워킹 메모리 기능입니다. 따라서 단어 거꾸로 말하기를 잘 못할 경우 워킹 메모리에 약점이 있다고 할 수 있습니다.

워킹 메모리를 늘리고 싶다면, 카드를 만들어 활용하면 좋습니다. 워킹 메모리는 머릿속에 내용을 띄워놓고 그것을 가지고 한 번 더 조작을 가해서 문제를 해결해야 하기 때문입니다. 가볍게 시작할 때에는 초성 카드놀이를 추천합니다. 한 번 만들어두면, 시간이 남을 때마다 어휘력도 늘리고 재미까지 보장합니다.

① 개인별로 A4 용지 2장씩 나누어 준다. 받은 A4 용지를 3번 접어 자른다.

② 8장씩 모두 16장의 카드에 ㄱ부터 ㅎ까지 자음을 적는다. 이때 ㄱ과 ㄴ은 구분하기 어려우므로 아래쪽에 ·을 찍는다. 남은 두 장에는 ?표를 넣는데, 이것은 조커 기능을 하게 된다.

ㄱ·	ㄴ·	ㅈ	ㅍ
ㄷ	ㄹ	ㅊ	ㅎ
ㅁ	ㅂ	ㅋ	?
ㅅ	ㅇ	ㅌ	?

③ 4명 한 모둠의 종이 카드를 모두 모아 섞은 후 바닥에 뒤집어 놓는다.

④ 각 모둠의 1번부터 초성 카드 두 장을 뒤집는다.

⑤ 나오는 초성에 맞는 단어를 가장 먼저 생각해 낸 아이가 가운데 종을 친다.
(다이소에서 1000원 짜리 종을 사서 활용하거나 할리갈리 보드게임의 종을 활용한다. 이마저도 없다면, 가운데 지우개 등을 놓고 먼저 잡으면 된다.)
예를 들어 초성 카드에 ㅅ과 ㅂ이 있다면, 가장 먼저 종을 친 아이가 "수박"이라고 정답을 부르면, 두 장의 초성 카드를 가져갈 수 있다. 이때 ㅅ과 ㅂ 순서는 상관없다.

⑥ 만약 ?과 초성 카드가 나왔다면, 조커인 ? 카드에는 아무 단어나 넣어 불러도 된다. 예를 들어 ? 카드와 ㅂ 카드가 나왔다면, 순서에 상관없이 ㅂ이 들어간 두 글자 단어를 외칠 수 있다.

⑦ 가장 많은 카드를 가진 아이가 승리한다. 조금 익숙해지면, 세 장의 카드를 열어 진행한다.

(2) 초성 게임으로 이야기 열기

개학하는 날, 대개의 경우 오전 수업을 하게 됩니다. 아직 몸과 마음이 공부 모드로 돌아오지 않은 개학날, 자칫 교과서를 열고 공부를 하는 것보다는 방학 때 어떻게 보냈는지 방학 초성 게임으로 진행하면 어떨까요?

프레젠테이션 파일(PPT)에 'ㅍㅇ'이라고 제시되면, 아이들 중에서 정답을 아는 아이들만 손을 들게 합니다. 그런 후에 교사의 "하나둘셋" 신호와 함께 "폭염"이라고 외친 아이들만 확인하고 맞은 학생들만 손가락을 하나 꼽게 합니다. 그런 후에 '폭염'과 관련된 이야기를 발문합니다.

"이번 여름은 폭염 때문에 정말 힘들었어요. 그런데 '폭염주의보'는 대체 온도가 몇 도 이상인 날이 이틀 연속 지속될 때일까요?"

"이번 방학 때 폭염 때문에 정말 고생했다면 손들어 볼까요? 이 중에서 얼마나 힘들었는지 경험을 이야기해줄 수 있는 친구는 누가 있을까요?"

"저는 폭염을 이길 나름의 방법이 있었어요. 라는 의견이 있다면 손을 들어볼까요? 이번 기회에 선생님도 어떻게 하면 폭염을 이길 수 있을지 배워보고 싶어요."

사이에 퀴즈를 활용해 질문과 대답을 듣다 보면, 여러 아이들이 방학 때 어떻게 보냈는지 이런 저런 이야기를 다 듣게 됩니다. 예를 들어 ㅎㅅㅇㅈ 이라는 초성을 제시했을 때, 해수욕장에 다녀온 아이들은 누가 있고 어떤 경험을 했는지 들어볼 수 있습니다.

실제 수업 상황에서도 아이들의 이런 저런 경험을 자연스럽게 꺼내고 싶을 때, 워킹 메모리를 자극할 수 있는 '초성 게임'은 더욱 큰 힘을 발휘합니다. 다만 초성 게임을 준비할 때에는 재미로만 치우칠 수 있는 초성을 준비하기보다, 아이들의 생각을 더욱 열어줄 수 있는 좋은 키워드를 찾기 위한 선생님의 노력이 필요합니다. 아울러 선생님의 경험이나 생각부터 자연스럽게 제시될 때에 아이들은 더욱 활발하고 솔직하게 자신의 속마음을 열어 수업에 참여하게 됩니다.

11 칭찬의 고수로 성장하기

학습은 혼자 할 수 있지만, 배움은 사람과 사람 간에 발생하는 것입니다. 좋은 수업을 하려면, 먼저 좋은 교사가 되어야 합니다. 그리고 좋은 교사가 되려면 '사람에 대한 기술'이 있어야 하며, 성장하고 싶다면 매일 이 기술을 연마해야 합니다. 토드 휘태커는 '훌륭한 교사는 무엇이 다른가' 책에서 '훌륭한 교사는 학생 개개인에게 관심을 가지고, 그들의 업적을 알아채고 칭찬할 줄 알며, 때론 작은 실수는 솜씨 있게 모른 척할 줄 안다. 학생을 다루는 부지런하면서도 섬세한 행동, 이것이야말로 훌륭한 교사가 오랫동안 훈련해 온 중요한 기술이다.'라고 했습니다. 교사는 매일 마주하는 학생들과 감정적으로 통해야 그들의 마음을 얻을 수 있습니다. 수업을 잘 하고 싶다면, 행동과 신념을 좌우하는 감정의 영향을, 변화를 가능케 하는 감정의 힘을 잘 알고 교실에서 칭찬의 단계'를 한 단계 업그레이드해야 합니다."

1. 제대로 된 칭찬과 격려하기

칭찬 (능력칭찬)	"너 정말 최고야." "넌 항상 시간 약속을 잘 지키는구나." "우리 반에서 또 일등을 했다니 넌 정말 똑똑해." "네가 자랑스럽다." "너만큼 도움되는 아이는 없을거야."

격려 (노력칭찬)	"선생님 심부름을 도와줘서 정말 고마워." "네가 시간 약속을 잘 지키려고 노력하는 모습이 보여 기쁘구나." "네가 이번 시험을 위해 굉장히 노력했다는게 보여 뿌듯하구나." "네가 공부를 진정으로 즐기는 것 같아 보기 좋단다." "네가 정리를 해서 그런지 책상이 굉장히 깨끗해졌구나. 고마워."

"아들러 심리학에서는 양육을 비롯한 타인과의 모든 커뮤니케이션에 있어서 ○○은 금물이라는 입장을 취한다네!"

『미움받을 용기』란 책에서 철학자가 젊은이에게 건네는 말입니다. ○○에 들어갈 말은 무엇일까요? 심리학자 아들러와 그 수제자 드라이커스는 아이들의 문제행동 뒤에는 '숨은 목적'이 있고 숨은 목적을 5가지로 나눠볼 수 있다고 했습니다. 그리고 그 5가지 문제행동의 패턴 중 첫 단계를 바로 '○○ 요구'라고 보았습니다. ○○에 들어갈 공통된 단어는 무엇일까요? 놀랍게도 정답은 바로 '칭찬'이었습니다.

'칭찬 요구'가 문제가 되는 까닭은 아이들이 '착한 행동'을 하는 게 아니라 '칭찬받는 일'을 할 뿐이라는 것입니다. 칭찬이 마냥 좋을 것 같지만, 칭찬이 주는 가장 큰 문제점은 바로 아이들이 '칭찬해주는 선생님'이 없으면 적절한 행동을 하지 않는다는 사실입니다. 심지어는 벌을 주는 사람이 없으면 부적절한 일도 할 수 있다는 생활양식을 익히게 됩니다. 아이들은 칭찬받기 위해서 커닝을 하거나 거짓된 일을 꾸미는 등의 부정행위에 나서는 것도 이 단계의 특징입니다.

심리학자 아들러는 칭찬을 '능력이 우월한 자가 능력이 없는 자를 조종하기 위한 수단'이라고까지 이야기했습니다. 교실에서 심부름하고 돌아온 아이에게 선생님은 무엇이라고 칭찬하시나요? 교사는 무엇이라고 말해야 할까요? "넌 정말 심부름을 잘 하는구나." "심부름은 OO이가 최고야."라고 하시진 않나요? 이런 칭찬으로 아이를 길들이는 대신, 아이를 수평적 관계, 아이를 어른이라고 존중한다면 우리가 할 칭찬은 하나밖에 없습니다.

"OO야, 심부름을 도와줘서 정말 고마워."

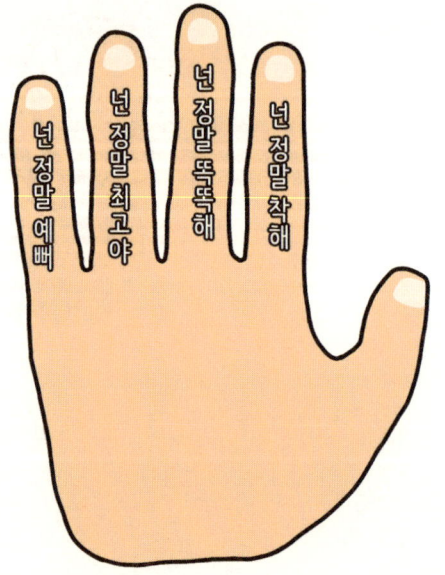

아내가 다니던 심리치료 연구소 소장님의 조카 아이는 미국에서 유치원, 초등학교 2학년까지 다니다 최근 한국으로 돌아왔습니다. 그런데 아이가 미국에선 한 번도 들어보지 못한 칭찬을 한국 선생님은 자주 해준다고 이야기했습니다. 바로 "넌 정말 예뻐.", "넌 정말 똑똑해.", "넌 정말 최고야!", "넌 정말 착하구나!"라고 했습니다.

이런 칭찬의 문제는 칭찬이 아이 자체에 맞춰 있다는 것입니다. 교사들은 '남들보다 낫다.'는 의미를 포함하는 말투를 사용할 때 조심해야 합니다. 많은 아이는 이런 말투에 남들보다 더 나을 때에만 자신이 중요하다는 인상을 받게 됩니다. "너만큼 도움되는 아이는 없을거야."라는 칭찬을 들었을 때 아이의 마음 속에서는 '도움되지 않으면 나는 세상에 쓸모없는 아이가 될거야.'라는 생각이 자라나게 되는 것입니다. 그래서 더욱 제대로 된 칭찬을 해야 합니다. 칭찬보다 격려를 해야 하고, 격려는 아이가 해야 할 일에 초점을 맞추어야 합니다.

> 똑똑하다. 능력있다. 다 잘한다는 식의 칭찬은 위험하다. 그렇기 때문에 교사는 잘한다, 못한다는 크게 중요하지 않다는 태도를 유지하고, 잘하는 것과 못하는 것의 이유에 대해 함께 생각해 보도록 유도해야 한다. 노력하면 변할 수 있다는 믿음은 인생에서 가장 큰 자산이다.
>
> - 행복한 교실을 만드는 희망의 심리학 중에서 -

2. 칭찬의 하수, 중수, 고수

교실에서 모둠 활동을 할 때 선생님의 칭찬 태도를 통해 선생님이 칭찬의 하수, 중수, 고수인지 구분할 수 있습니다. 예를 들어 선생님이 책상 위에 "수학 책을 꺼내 놓으세요."라고 했을 때, 선생님이 하수라면 지시대로 하지 않는 아이에게 집중할 것입니다. 책을 꺼내지 않은 아이들에게 찾아가 "책 꺼내라고 벌써 몇 번째 이야기했니?", "선생님 말이 말같지 않아?"라고 화를 내며 잔소리를 할 것입니다.

선생님이 중수라면, 지시대로 따른 모둠 아이들을 칭찬할 것입니다. "2모둠과 3모둠은 벌써 수학 책을 모두 꺼냈습니다. 2, 3모둠에게 칭찬의 박수를 쳐 주세요." 그런데 이렇게 잘한 모둠에게 집중하며 사탕이라도 하나 건넬 경우, 칭찬받지 못한 모둠에서는 "너 때문에 우리 모둠 사탕 못 받았잖아."라며 누군가를 질책하고 비난하는 모습을 보게 될 것입니다. 선생님이 의도하지 않았지만, 결과적으로 선생님의 칭찬 방법이 낳은 부작용이니 이러한 다툼은 선생님이 만들어낸 결과입니다.

선생님이 진짜 칭찬의 고수가 되고 싶다면 '칭찬하되 칭찬하지 않는 특별한 제3의 방법'을 활용하시길 권합니다. 바로 '행동 내레이션'을 활용해 칭찬하는 것입니다.

'행동 내레이션'을 활용하려면, 다음 두 가지를 명심해야 합니다.

첫째, 2초 규칙 : 지시를 전달한 후 2초 내에 지시대로 하는 학생의 행동을 내레이션합니다.

둘째, 2~3명의 학생 행동 묘사하기 : 지시에 바로 따르는 학생 2~3명의 행동을 묘사해주는 것이 필요합니다.

교실에서 "수학 책을 꺼내세요."라고 지시했다면, 교실을 둘러 보며 2초 안에 선생님의 지시를 따르는 아이들을 찾습니다. 그리고 그 아이들의 행동을 관찰한 그대로 말하면 됩니다.

"2모둠과 3모둠은 수학 책을 꺼냈습니다. 4모둠은 책을 꺼내고 있습니다."

"선영이는 수학 익힘 문제를 다 풀었고, 경철이는 10번 문제를 풀고 있는 중입니다."

'비폭력대화' 책의 첫 부분에는 '평가가 들어가지 않은 관찰은 인간 지성의 최고 형태이다.'라는 인도 작가 크리슈나무르티의 글이 나옵니다. 교사를 넘어 한 인간으로서 최고의 지성인이 되려면, 평가가 아닌 '관찰'로만 이야기할 수 있어야 합니다. 이 길이 비록 어렵고 힘들지만, 자꾸만 내 지시를 따르지 않는 아이들에게 비난과 질책을 멈추어야 합니다. 혹시 칭찬할 상황이 아니라 아이가 명백히 잘못된 행동을 할 때라도 "하지 마."라고 하는 대신 "무슨 일 있니?"라고 물을 수 있어야 합니다.

3. 칭찬 팔찌 활용하기

　아이들을 칭찬할 때 나름 효과를 본 방법이 몇 가지 있는데, **첫 번째는 단연 부모님께 보내는 문자입니다.**

　5월 초, 수업을 하는 중에 지호가 속이 안 좋아 토했습니다. 아이들은 모두 찡그린 표정으로 고개를 돌리고 저 역시 '귀찮은 일이 하나 생겼구나.' 생각하고 있었습니다. 이때 말없이 걸레를 가져가 친구의 토사물을 닦는 민기를 보고 감동을 받아 곧바로 학부모님께 문자를 보냈습니다. 아이들의 변화를 이끌어 낼 수 있는 가장 든든한 동반자는 학부모님입니다. 그런데 경력이 짧을수록 학부모님을 대하기 불편하고 어려워하다 보니, 아이들과 열심히 생활하는 데도 학부모님은 전혀 학교 생활에 대해 모르는 경우가 많습니다. 그래서는 곤란합니다. 저는 선생님 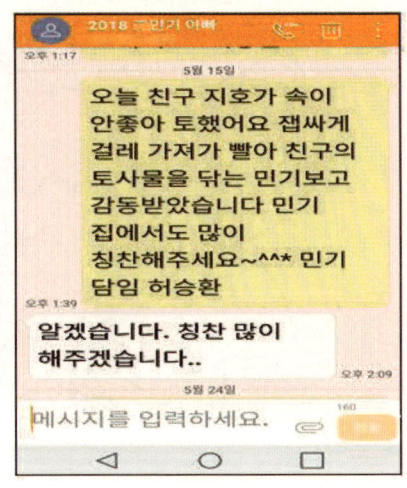 들이 좀더 친절하게 학교 생활에 대해 홍보를 해야 한다고 생각합니다. 문자도 좋고, 한 달에 한번이라도 좋으니 짧은 편지를 보내 교실에서 아이들과 어떻게 생활하고 있는지 알려주며 자신이 얼마나 아이들과 열심히 생활하고 있는지 광고해야 합니다. 이렇게 마음의 빚이 쌓여갈 때에 학부모님은 은근한 협력자가 됩니다.

　예전에 한 제자가 엄마에게 서운한 일이 있었다고 수다를 떨었습니다. 무슨 일인가 했더니 자기가 떠든 게 아닌데 억울하게 함께 혼나서 엄마에게 제 뒷담화를 했답니다. 그런데 엄마가 "너희 선생님이 그러실 분이 아냐, 무슨 이유가 있으셨겠지."라며 자기 편을 들지 않았다는 것입니다. 축구 경기를 볼 때면 선수들이 심판에게 잦은 판정 불만을 표현합니다. 그런데 이게 하나둘 쌓이다 보면 결국은 영향을 받아 비슷한 상황인데도 다른 판정이 일어나는 모습을 보게 됩니다. 선수들도 지능적으로 심판의 판정에 영향을 미치기 위해 과도한 액션으로 어필하는데 교사들도 학부모님과의 문제가 생기기 전에 이런 어필들이 있어야 하지 않을까요?

두 번째로 권하고 싶은 것은 '칭찬 팔찌'입니다. 용인 에버랜드나 롯데월드 등을 들어갈 때 손목에 채워주는 팔찌를 보며 이걸 아이들 칭찬 용도로 활용하면 좋겠다 생각했습니다.

'수업 태도가 바르고 좋아요', '발표를 자신있게 잘 했어요.', '모둠 활동을 협력하며 잘 했어요.' '숙제를 성실하게 잘 해왔어요.' 등 평소의 생활 태도에서 부족하다 싶었던 부분에서 변화가 보이면, 손목에 칭찬 팔찌를 채워 주었습니다.

칭찬 팔찌가 제대로 효과를 보는 경우는 따로 있습니다. 아무리 이야기해도 준비물을 까먹고 잊어버리는 아이들에게는 팔찌에 '내일 제주도 수학여행, 8시20분까지 체육관 앞 등교'라고 써서 보냈습니다. 손목에 있으니 자꾸 쳐다보게 되고, 부모님께도 협력을 구하게 되어 반복되는 문제들이 사라지기 시작했습니다.

손목이 큰 아이들을 위해서 때로는 손목 대신 가방에 붙여 주기도 했습니다.

4. 특별하지 않아도 가치 있다

'칭찬'받고 싶어 애쓰는 아이들, 늘 선생님과 친구들의 눈치를 살피는 아이들, 어떻게 지도해야 할까요? 저는 무엇보다 우리 반 아이들이 '특별하지 않아도 가치가 있다.'고 생각할 수 있도록 안내해야 한다고 생각합니다. 그러려면 어떤 '착한 행동'을 했을 때만 주목하는 것이 아니라 평소에 무슨 말을 하고, 어떤 행동을 하는지, 그런 사소한 것에 주목해 주어야 합니다. 아이의 '관심사'에 주목하고 공감하는 것입니다. 아이들이 좋아하는 것을 좋아할 순 없지만, 존중할 순 있습니다.

아이들이 좋아하는 큐브나 유희왕 카드를 가져왔을 때, 혹시 큐브를 좋아하지 않더라도 아이가 좋아하는 '관심사'에 주목하고 공감하는 것입니다. 아이들이 좋아하는 아이돌 그룹 '방탄소년단'을 좋아하지 않더라도 "난 방탄소년단 좋아하는 아이들 이해가 안 돼."라며 벽을 세우기보다 "방탄소년단 중에 누가 가장 좋니?"

"선생님도 노래를 들어보고 싶은데 어떤 노래가 처음 듣기에 가장 좋아?" 감정계좌에 믿음이라는 돈을 쌓으려면, 가장 중요한 원칙이 바로 타인이 좋아하는 것에 대해 존중하는 태도라고 합니다. "난 방탄소년단 좋아하는 아이들 이해가 안 돼." 등의 태도는 아이들에게 대놓고 마음의 벽을 세우는 것과 다를 바 없습니다.

이런 사소한 일상 속의 친절과 공감이 2학기 우리 반을 더욱 평화롭고 서로를 존중하는 학급 공동체로 만들어 줍니다. 아이들은 선생님이 아이들을 대하는 태도를 통해 다른 친구들을 대하기 때문입니다.

"장금아, 사람들이 너를 오해하는게 있어.

네 능력은 뛰어난데에 있는 게 아니야. 쉬지 않고 가는데 있어.

모두가 그만두는 때에 눈을 동그랗게 뜨고 다시 시작하는 것.

너는 얼음 속에 던져져 있어도 꽃을 피우는 꽃씨야.

그러니 얼마나 힘이 들겠어!"

- 대장금의 한상궁이 장금이에게 한 말 -

PART 2

배움이 깊어지는 참여수업의 실제

12. 모둠 활동을 통해 듣기 능력 키우기

"공개수업 때에는 잘하는 애들이 정작 수업 시간에 모둠 활동을 하라고 하면 늘 다른 이야기를 해요. 통제할 수가 없어요. 활동을 하라고 하면 웃으면서 "저 활동하고 있거든요."라고 말하면서 버젓이 다른 이야기를 해요. 그런 모습을 보면서 참아야 하는지 제재해야 하는지 모르겠어요. 그럴 땐 차라리 일제식 수업이 더 낫겠다는 생각이 들어요."

한 교사 커뮤니티에 올라온 초임 선생님의 고민입니다. 선생님은 이런 상황을 만나게 되면 어떻게 하시겠습니까? 아이들이 함께 배우려면 필연적으로 모둠 활동을 통해 서로 배우는 관계를 맺어야 합니다. 물론 학급 아이들 전체가 함께 배우는 것도 가능하지만, 30명 가까운 인원이 된다면 모든 아이가 자신의 생각과 의문점을 드러내기 힘들 것입니다. 그래서 더욱 모둠 안에서 다른 친구들의 생각에 귀를 기울이는 과정을 통해 함께 배워 나가야 합니다. 그런 과정을 통해서만 이 아이들 속에 배움의 싹을 틔울 수 있습니다.

1. 말하기보다 중요한 듣기

흔히 모둠별로 모여 아이들이 이야기하고 있으면 함께 배우고 있다고 착각하곤 합니다. 그래서 더욱 듣기보다 어떻게 발표하게 할까? 어떻게 하면 더 큰 목소리로 모두 듣게 말하게 할까? 등 말하기에 더욱 관심을 가지기 쉽습니다. 그런데 모둠 활동을 통해 아이들이 서로 말을 함으로써 배움이 진행되는 것처럼 보이지만, 겉으로만 그렇게 보일 뿐 말을 더 많이 하는 몇 명의 아이들이 말한 모둠 활동을 '서로 배움이 일어났다'고 할 수는 없습니다.

듣는 것이 중요한 까닭은 다른 친구의 생각에 귀를 기울이고 자신의 생각과 비교하면서 거기에서 무언가 새로운 변화가 일어나는 것, 여기에 '함께 배우는 원천'이 들어있기 때문입니다.

중요한 것은 '아이들이 얼마나 발표를 많이 했는가?', '그 발표가 얼마나 훌륭한가?'가 아니라 '아이들이 얼마나 귀 기울여 친구의 말을 들었는가?', '교사는 아이들이 친구에게 들은 내용을 어떻게 연결시키고 있는가?' 하는 것입니다.

발달이 학습을 통해서도 이루어진다고 했을 때, 이 학습이 발달을 보다 높은 수준으로 끌어올리며, 사회적 상호작용이 학습의 열쇠 구실을 합니다. 그런 개념으로 관심을 받고 있는 것이 비고츠키의 ZPD(근접 발달영역)입니다.

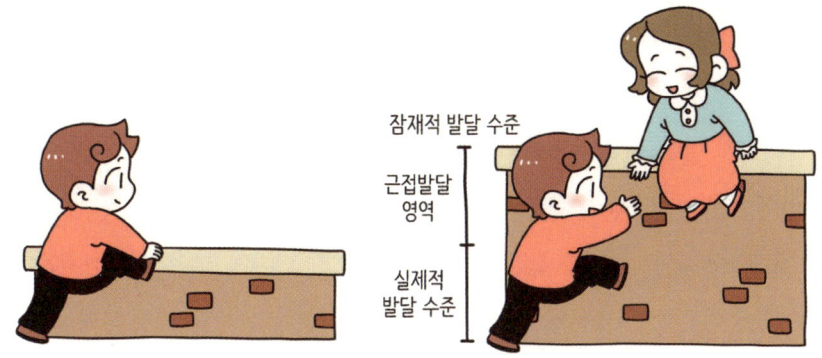

그림에서 보듯 아이의 실제 발달수준과 잠재 발달수준 사이의 영역을 '근접발달 영역'이라고 하는데, 아이가 혼자 해결할 수 있는 수준은 아니지만 교사나 동료의 도움(힌트, 단서, 격려 등)을 받으면 해결 할 수 있는 수준이라고 생각할 수 있습니다. 이 근접발달 영역은 아이에 따라 개인차가 존재하며, 교사의 질에 따라 근접발달 영역이 차이가 나기도 합니다. 그렇다면 이 근접발달 영역을 잘 활용하는 유능한 교사는 어떤 사람일까요? 바로 비계 설정을 잘 하는 교사를 말합니다.

'비계 설정scaffording'이란 아이의 근접발달 영역 내에서의 효과적인 교수학습을 위해 교사가 상호작용 중 도움을 적절히 조절하여 제공하는 것을 의미합니다. 원래 비계scaffold란 고층 건물을 지을 때 인부들이 올라갈 수 있도록 만든 발판을 가리키는 용어입니다.

즉 문제해결을 하기 위해 처음엔 교사가 도움을 주면서 해결하다가 차차 도움을 줄여 나가는 것입니다. 그리고 학습자가 스스로 할 수 있게 만드는 게 궁극적인 목표입니다.

2. 듣기 다음으로 중요한 연결하기

'귀 기울여 듣는 것' 다음으로 중요한 것이 '연결하기'입니다. 친구들의 말을 들은 후, 새롭게 알게 된 것을 표현하고 함께 탐구하며 서로의 생각에 영향을 줄 때 '배움'이 시작됩니다. '어떻게 듣고 있는가?', '들은 것에서 어떻게 변화가 일어나는가?', '들은 것을 연결하여 어떤 탐구를 하는가?'가 중요합니다.

'함께 배우는 것'과 '함께 이야기하는 것'을 같은 것이라 생각해서는 안 됩니다. 오히려 말하는 것보다 듣는 것을 중요시해야 합니다. 그런 다음 배운 것을 '연결'시키려고 하는 아이로 길러야 합니다. '함께 배우는 배움'에서 가장 중요한 것은 '듣는 것'과 '연결하는 것'입니다. 아이들이 친구들의 말을 귀 기울여 '듣는 기술'은 정말 중요합니다. 그러면 아이들이 '듣는 기술'을 키워주려면 어떻게 해야할까요?

대부분의 배움은 '알게 되는 것, 할 수 있게 되는 과정'에서 생겨납니다. 그렇다면 교사들은 '빨리 알게 하는 것' 보다 '이건 아니구나, 저건 아니구나'라고 실패하고 길을 잃고 헤매면서 생각하는 과정을 소중하게 여겨야 합니다. 그러한 과정 속에서 아이들은 발견의 기쁨, 앎의 재미를 느끼게 됩니다. 배운다는 것은 알고 있다고 생각했던 것이 실제로는 정말 알고 있었던 것이 아니라는 점을 알아차리는 것이기 때문입니다.

3. 듣는 기술을 키우는 4가지 질문

모둠활동시 들을 때는 4가지 질문(얼기질연)을 항상 떠올리게 합니다.
얼: 말하는 친구의 **얼**굴을 쳐다보는가?
기: 말을 마칠 때까지 **기**다리는가?
질: 필요할 때 확인을 위한 **질**문을 하는가?
연: 친구의 말과 내 생각을 **연**결짓는가?

특히 선생님이 아이들 발표 하나하나를 소중하게 대할 때, 아이들도 친구의 이야기를 듣고, 자기의 경험이나 생각과 연결 지어 발표하는 과정을 소중히 여기게 됩니다.

경희여자중학교 강용철 선생님께 배운 '텔레파시 대화법'은 학기 초부터 듣기 능력을 키우기 위해 의도적으로 활용할만 합니다. 먼저 학생들을 2명씩 등을 마주 대고 앉게 합니다. '텔레파시 대화'라 불리는 이 의사소통 활동은 한 사람은 종이를 세 번 접고 두 번 찢으면서 자신의 행동을 설명하면 상대방은 설명을 들으며 종이를 똑같이 접고 찢는 것입니다. 활동 후에는 각자의 종이가 얼마나 일치하는가를 비교하며 대화가 잘 통했는지 확인할 수 있습니다.

활동 후 학생들은 "답답하다", "잘 못 알아듣겠다"며 어려움을 호소하게 되어 있습니다. 이럴 때에 모둠활동시 들을 때는 4가지 질문(얼기질연)을 제시하고 하나하나 습관이 되도록 일 년 동안 지속적인 지도를 해야 합니다.

이영근 선생님은 '초등 학급운영 어떻게 할까?' 책에서 '듣기 4단계' 지도 방법을 소개합니다. 모둠 활동을 할 때에 "여러분은 지금 몇 단계로 듣고 있는지 손가락으로 표시해 볼래요?"라고 물어 자신의 듣기 단계를 환기해 주어야 합니다. 교실에 옥이샘이 그려주신 듣기 4단계 그림을 게시하고 지속적으로 지도해 보세요. 이렇게 자신의 듣기 단계를 돌아보는 과정을 통해 아이들은 더욱 더 깊은 듣기의 세계로 들어가게 될 것입니다.

〈옥이샘 그림〉

국어 안경 끼고 국어 공부하기

국어 시간이면 유난히 긴 본문을 함께 읽을 때가 많이 있습니다. 대개의 경우 가장 많은 수업 형태는 교과서를 함께 읽고 내용을 제대로 이해했는지 확인하는 질문을 하고, 손을 든 아이들 중 한 명을 지명합니다. 그런데 먼저 손을 든 아이들은 대개 정답을 잘 맞히지만 대부분의 아이들은 손을 들지 않습니다. 이걸 바꿔보고 싶어서 발표뽑기 통에서 무작위로 이름을 뽑아 발표를 시켜보면, 억지로 일어난 아이들은 대부분 교과서를 읽은 기억을 더듬어 대충 답을 찾습니다. 그러다 보니 초점이 맞지 않는 답을 두루뭉술하게 하곤 합니다. 아이들이 좀 더 정확하게 질문에 대한 대답을 할 수 있도록 도우려면 어떻게 도와줘야 할까요?"

1. 국어책의 긴 글 읽기 지도

국어 교과서의 본문 글을 읽다 보면 8~10쪽 가까운 긴 글을 읽다 수업 시간이 끝나버리는 경우도 종종 있습니다. 고육지책으로 집에서 미리 읽고 오기 숙제를 내면 읽고 오지 않은 아이들 확인해야 하고, 또 혼내다 보면 또 시간이 부족해지고 아이들과의 관계마저 깨져버리는 악순환이 펼쳐집니다. 국어책의 긴 글 읽기, 어떻게 하면 좋을까요?

(1) 아침자습 시간에 읽기

국어 교과서의 본문 글이 길 경우, 국어 시간에 모든 아이들이 함께 '소리 내어 읽기'를 하는 경우가 많습니다. 그런데 아이들의 읽는 속도가 다 다르기 때문에 '소리 내어 읽기'는 되도록 지양하는 것이 좋습니다. 국어 교과서에도 본문 글이 긴 경우는 많지 않기 때문에 아침자습 시간을 이용해 미리 긴 글을 읽게 하는 것도 괜찮습니다.

(2) 한 문장씩 돌아가며 읽기

긴 글은 한 문장씩 돌아가면서 한명씩 이어 읽게 해도 좋습니다. 자기 차례가 빨리빨리 돌아 오니까 좀 더 집중할 수 있습니다. 때때로 틀리면, 가장 먼저 손을 든 친구가 '따 읽기'를 할 수 있도록 합니다. 서로 먼저 손을 들 수도 있기 때문에 교사는 먼저 누가 손을 들었는지 지켜보아야 합니다. '따 읽기'의 경우에는 더듬거리며 반복해 읽은 경우는 틀리지 않은 것으로 약속합니다.

(3) 제비뽑기 통에서 이름막대 뽑아 읽기

아이스크림 막대에 번호나 이름을 써 놓고 발표 통에 넣어 둡니다. 선생님이 뽑은 발표막대에 적힌 아이가 이어서 글을 읽습니다. 제비 뽑기로 어느정도 읽으면 뽑은 아이들도 다시 제비뽑기 통에 넣습니다. 그래야 '나는 읽었다'며 집중하지 않는 아이들이 사라집니다.

(4) 모둠에서 돌아가며 읽기

전체 아이들이 돌아가며 읽을 수도 있지만, 모둠 안에서 순서를 정해 돌아가면서 한 문장, 또는 두 문장씩 이어 읽게 해 보세요. 한 모둠이 4명이라면, 금세 자신의 차례가 돌아오기 때문에 좀 더 집중하면서 글을 읽게 됩니다.

(5) 남자, 여자, 선생님 번갈아 읽기

길지 않은 본문일 경우에는 여학생 한 문장, 남학생 한 문장, 선생님 한 문장 이렇게 번갈아 가며 읽는 것도 재미있습니다.

(6) 읽을 때에는 독서 포인터로 짚으며 읽기

국어 교과서 본문 글을 읽을 때에는 책읽기 자세를 따로 시범을 통해 지도하는 것이 좋습니다. '책 들고 보기'의 자세가 좋은 데, 아이들 입장에도 손에 책을 잡고 있어야 하니 딴짓이 좀 더 줄어들게 됩니다.

아이스크림 막대로 '독서 포인터'를 만들어 활용해 보세요. 아이스크림 막대를 아이들 취향대로 꾸미게 한 후에 막대 끝에 눈동자를 붙입니다. 이렇게 만든 '독서 포인터'를 이용해 교과서 어디를 읽고 있는지 가리키게 하면, 자꾸만 딴 짓을 하는 아이들이 많이 줄어들게 됩니다.

2. 읽을 때 국어안경 쓰기

일본의 국어과 수업명인 노구찌 요시히로의 수업 기법 키워드 중 1번은 '국어 안경'입니다. 안경을 쓰고 있는 사람은 잘 아는 일이지만, 안경을 쓰면 흐릿하게 보이던 것이 뚜렷하게 눈앞에 보이게 됩니다. 이런 데에서 힌트를 얻은 것이 '국어 안경'입니다.

노구찌 요시히로 선생님은 '국어 안경'의 의미를 '필요한 풀이, 필요한 서술, 필요한 표현을 발견하여 알아차리고, 질서화하는 논리적, 언어적 기능'이라고 했습니다. 그는 수업 중에 발표가 구체적이지 않은 아이들에게 다음과 같이 말한다고 했습니다.

"국어 안경을 써 보세요."
"국어 안경을 쓰면 곧 알 수 있어요."
"국어 안경을 잊고 왔구나."
"오늘은 국어 안경을 가져왔겠지?"

독해력이든 감상력이든 결국 표현으로부터 바르고 적절한 의미를 읽어내는 행위라고 할 수 있습니다. 바꾸어 말하면 언어 기호에 대해서 정확한 의미를 계속적으로 부여하는 행위가 '독해'하는 일이며, '감상'하는 일입니다. 그러므로 국어과에서의 발문에 대답하기 위해서는 글을 제대로 읽는 일이 가장 중요합니다. 국어 수업에서 제기되는 내용을 파악하는 문제의 답은 모두 교과서의 본문 글 안에 쓰여 있기 때문입니다.

"'국어 안경'을 쓰세요. 라고 말하는 것은 글이나 작품에 대하여 보다 더 자세하게 읽어 보세요. 보다 더 세밀한 데까지 유의하여 살펴보세요."라고 하는 말입니다.

예를 들어 6학년 국어 교과서 '콜럼버스 항해의 진실' 글을 아이들과 함께 읽었습니다. 교과서 본문 뒤에는 '콜럼버스 항해의 진실'을 읽고 물음에 답하여 봅시다. 라는 활동에 대한 설명 뒤에 내용을 파악할 수 있는 질문이 제시됩니다.

> 【'콜럼버스 항해의 진실'을 읽고 물음에 답하여 봅시다.】
>
> (1) 글쓴이는 '발견'이라는 낱말을 어떤 때에 사용할 수 있는 낱말이라고 하였습니까?
> (2) 콜럼버스가 살던 무렵, 유럽의 여러 국가가 인도를 '꿈의 세계'라고 생각한 까닭은 무엇입니까?
> (3) 콜럼버스가 항해 끝에 도착한 아메리카 대륙에는 누가 어떤 모습으로 살고 있었습니까?
> (4) 콜럼버스와 그 뒤에 밀려온 유럽 사람들은 아메리카 대륙에서 무엇을 하였습니까?

예를 들어 '(1) 글쓴이는 '발견'이라는 낱말을 어떤 때에 사용할 수 있는 낱말이라고 하였습니까?'라는 질문을 해결하려면 어떻게 해야 할까요? 처음에는 PPT로 어떻게 찾는지 안내할 필요가 있습니다. "교과서 본문 중에서 '발견'이라는 단어가 몇 쪽 몇 줄에 나오는지 찾아봅시다."

공부 잘하는 아이들이 "아무도 살지 않는 비어 있는 땅을 처음 찾았을 때입니다."라고 바로 대답하려고 합니다. 이때 저는 "국어 안경을 쓰고 말해 봅시다."라고 말하며 좀 더 정확하게 대답하도록 부탁합니다. 아이들에게 '국어 안경'이라는 말은 "교과서 ~쪽 ~줄을 보면"이란 말을 넣어 말하자는 약속입니다.

"교과서 52쪽 열 번째 줄에 보면 '발견은 아무도 살지 않는 비어 있는 땅을 처음 알아내고 상륙하여 개척하였을 때 사용하는 말'이라고 나와 있습니다."라고 대답하면 됩니다.

'(2) 콜럼버스가 살던 무렵, 유럽의 여러 국가가 인도를 '꿈의 세계'라고 생각한 까닭은 무엇입니까?'라는 질문을 해결하기 위해서는 1단계, 본문 중에서 '꿈의 세계'라는 단어가 몇 쪽 몇 줄에 나오는지 찾습니다. 2단계, 그 단어의 앞 또는 뒤쪽 중에 어디에 답이 나오는지 찾습니다. 질문에 대한 대부분의 답은 바로 그 단어나 문장의 앞, 또는 뒤에 바로 나온다는 것을 아이들이 깨닫도록 도와야 합니다.

> 유럽의 여러 국가는 새로운 항로와 새로운 땅을 찾기 위하여 경쟁적으로 탐험대를 파견하였다. 당시 유럽에서는 인도나 중국에서 사막을 거쳐 지중해로 들어오는 향신료와 비단, 보석 등이 큰 인기였다.
> 특히, 인도는 향신료와 금, 보석, 비단 등을 쉽게 구할 수 있는 꿈의 세계였다. 그래서 유럽 사람들은 이 물건들을 인도에서 직접 뱃길로 들여오면 큰돈을 벌 수 있으리라고 생각하였다.

아이가 "교과서 53쪽 8~9줄을 보면, 인도는 향신료와 금, 보석, 비단 등을 쉽게 구할 수 있어서 꿈의 세계라고 생각했습니다."라고 대답하면 100점짜리 대답이라고 칭찬합니다.

만약 "인도는 향신료와 금, 보석, 비단 등을 쉽게 구할 수 있어서 꿈의 세계라고 생각했습니다."라고 말하면 "'국어 안경'을 쓰지 않았기 때문에 정확한 답이라 해도 '90점'입니다. 다시 말해 볼까요?"라고 고쳐 말할 기회를 줍니다.

3. 익숙해지면 '국어 안경' 없이 대답하기

평소 '국어 안경'을 쓰고 수업이 진행되는 과정을 통해 연말에는 '국어 안경'을 쓰지 않더라도 바로 교과서 내용을 찾아 답을 찾아갈 수 있도록 합니다. '국어 안경'을 쓰고 대답하는 수업이 익숙해지면, 공개적으로 쪽 수와 줄 수를 이야기하지 않더라도 답을 찾을 수 있도록, 본질을 꿰뚫어 볼 수 있도록 도와야 합니다.

아이들이 '국어 안경'을 쓰라고 하지 않아도 "교과서 103쪽 14줄을 보면"이라는 대답이 익숙해졌다 싶으면, 곧바로 대답을 할 수 있도록 약속합니다.

아이의 습관이 바뀌기까지 약 얼마의 시간이 필요할까요? UCLA 대학 필리파 랠리 교수님의 실험 결과 약 66일이 필요하다고 합니다. 교실에서라면 약 3개월의 시간이 필요하다고 생각합니다. '국어 안경'을 쓰는 데에 익숙해지면, 2학기 말부터는 언제든지 자료를 통해 사실 중심으로 말하기가 가능해 집니다.

14 질문 게임으로 질문의 힘 기르기

    2015년 가을, 서울 광화문 현판에 캘리그라피로 '이 우주가 준 두 가지 선물, 사랑하는 힘과 ○○하는 능력'이라는 글이 올라왔습니다. 교보생명이 건 '광화문 글판 가을편'은 메리 올리버의 산문집 '휘파람 부는 사람'에서 가져왔다고 하는데, ○○에 들어갈 단어는 무엇일까요?

    '질문이 있는 교실' 정책은 모두가 행복한 혁신미래교육을 위한 서울특별시교육청의 교육 지표입니다. 이 정책은 질문하고 토론하며 협력하는 활기 넘치는 교실 구현과 지성·감성·인성을 기르는 수업 지원을 통한 학교현장의 활성화를 추구하며 추진된 정책입니다. 경쟁과 소외에서 벗어나 정답 추구의 학습을 지양하고, 함께 탐구하고 질문하는 과정에서 흥미를 찾는 능동적 배움 추구, 학생 참여 중심 수업을 지향합니다. '가르침'의 수업에서 '학생 배움'의 수업으로 패러다임을 전환하고자 하는 서울 특별시교육청 수준의 실천적 과제이기도 합니다.

    서울특별시교육지원청 역점 사업이 '질문이 있는 교실 만들기'다 보니 보게 된 책 중에 사이토 다카시가 쓴 '질문의 힘'이라는 책이 있습니다. 이 책 안에는 질문하는 힘을 기를 수 있는 '질문 게임'이 소개되어 있습니다. 교실에서 질문을 어떻게 활용할까 고민하다 모둠별 발표 지도할 때마다 활용할만한 수업 아이디어라 큰 도움을 받았습니다.

1. '질문의 힘'을 활용한 질문 게임

하브루타 책에는 우리나라 학부모들은 아이가 학교에서 돌아오면 "학교에서 오늘 뭘 배웠니?"라고 질문하지만, 유대인 부모는 "오늘 학교에서 무슨 질문을 했니?"라고 묻는다고 합니다. 둘은 분명한 차이가 있습니다. 호기심은 질문을 낳고, 질문은 새로운 생각을 낳고, 새로운 생각은 남들과 다른 창조물을 낳습니다.

모든 질문은 반드시 생각을 자극합니다. 생각하는 것도 습관입니다. 생각하는 습관이 익숙해지면, 아무리 복잡한 생각이라도 머리 아프지 않고 즐겁게 할 수 있게 됩니다. 그리고 '질문'은 그동안 쓰지 않아 녹이 슬고 있는 머리를 깨울 수 있는 가장 좋은 도구입니다.

'질문'은 생각의 지름길을 찾는 내비게이션입니다. 사이토 다카시가 쓴 '질문의 힘'에는 교실에서 학생들의 질문 감각을 키울 수 있는 '질문 게임'이 소개되어 있습니다. '질문 게임'을 교실 속으로 가져와 아이들의 질문 능력을 키우고, 아울러 좋은 질문에 대한 대답을 하려고 노력하는 과정을 통해 수업이 좀 더 내밀하고 깊어질 수 있었습니다.

(1) 모둠 번호 정하기

질문 게임을 하기 전에는 먼저 4명 한 모둠을 구성하고, 각 모둠에서는 모둠 아이들에게 모둠 번호를 따로 지정해 주어야 합니다.

(2) 모둠 발표하기

예를 들어 "가장 재미있게 본 책은 무엇입니까?"란 주제를 정했다면, 1모둠의 1번부터 2번, 3번, 4번 순으로 차례로 발표합니다.

(3) 같은 모둠번호 질문하기

1모둠의 1번이 발표를 끝내면, 다른 모둠의 1번들이 모두 일어서서 질문을 합니다.

예를 들어 1모둠의 1번이 "저는 나의 라임오렌지 나무 책을 가장 재미있게 읽었습니다."라고 대답했다면, 2모둠의 1번, 3모둠의 1번, 4모둠, 5모둠, 6모둠의 1번이 모두 일어납니다. 그런 후에 2모둠의 1번부터 차례대로 질문을 합니다.
"나의 라임오렌지 나무 책 속에서 가장 마음에 드는 인물은 누구입니까?"
"밍기뉴처럼 내가 가진 물건 중에 이름을 붙여주고 싶은 것은 무엇입니까?"
"제재처럼 아빠한테 서운했던 적이 있다면 언제입니까?"
"엄마와 아빠 말고, 뽀르뚜가 아저씨처럼 마음이 통하는 사람이 혹시 있나요?"
"제재처럼 형제 자매가 많으면 좋을까요? 외둥이가 더 좋을까요?"

같은 방법으로 1모둠의 2번이 발표를 하면 다른 모둠의 2번들이 모두 일어나서 질문을 해야 합니다.

이때 손을 먼저 든 학생부터 질문을 할 수 있습니다. 다른 친구가 했던 질문을 하면 안 되기 때문에 우물쭈물하면 질문거리를 빼앗길 수 있습니다. 아이들이 질문을 하면, 이때 선생님은 아이들의 질문을 요약해 칠판에 적습니다.

(4) 가장 좋은 질문에 +1점 주기

발표한 아이는 친구들의 질문을 모두 듣고, 그중에 가장 마음에 드는 질문을 하나 뽑습니다. 발표자에게 뽑힌 질문은 +1점을 받게 됩니다. 이렇게 마지막 모둠까지 발표해 가장 많은 점수를 모은 팀이 질문 게임의 승자가 됩니다.

아울러 발표자는 모든 질문 중에서 가장 마음에 드는 질문, 즉 +1점을 준 질문에만 대답하면 됩니다. 다만 질문이 정말 좋을 경우에는 2개를 답변해도 괜찮습니다.

학생들은 '질문 게임'을 통해 어떤 질문이 좋은 질문인지 계속 생각하며 수업에 참여하게 됩니다. 또한 친구들이 뽑은 좋은 질문을 들으며, '나라면 이런 질문을 뽑았을 텐데…….', '친구들은 나와 다른 질문을 선택할 수 있구나!' 서로 다른 생각의 다양성에 대해 자연스럽게 이해하게 됩니다.

2. 질문 게임을 할 때 유의할 점

질문 게임을 할 때 유의할 점은 가장 마음에 드는 질문을 뽑기로 했는데 종종 가장 대답하기 쉬운 질문을 고르는 경우가 있습니다. 본인이 대답해야 하는 입장이기 때문에 쉽게 대답하고 싶어하는 마음을 모르는 것은 아니지만, 적어도 단답형의 질문, 답이 뻔한 질문 등은 선생님이 질문하기 전에 사전 지도를 해줄 필요가 있습니다.

아울러 3단계 질문 만들기 연습을 통해 어떤 질문이 좋은지 평가할 수 있는 눈도 길러주어야 합니다.

(1) 1단계: 사실적 질문

핵심 내용을 파악하고 이해하는 데 중점으로 '질문 밑 다지기'와 관련이 높습니다.

"누가 ~하였습니까?"
"언제 ~하였습니까?"
"어디서 ~일어난 일입니까?"
"무엇을 ~하였습니까?"

(2) 2단계: 추론적 질문

학습자로 하여금 문제파악 능력을 기르도록 돕는 질문입니다.
"왜 ~ 하였습니까?"

"차이점과 공통점은 무엇입니까?"

"만약 ~라면 어떻게 되었을까요?"

(3) 3단계: 평가적 질문

가치의 문제가 포함된 주제를 다루므로 이성적인 선택을 할 수 있도록 돕는 질문입니다.

"~은 옳은가요? 그 이유와 근거는?"

"~은 정당한가요? 그 이유와 근거는?"

"~은 바람직한가요? 그 이유와 근거는?"

"~은 ~입니다. 그 이유와 근거는?"

아이들 수준에서는 사실적 질문, 추론적 질문, 평가적 질문 이라는 용어 자체가 어려울 수 있어서 더욱 쉽게 설명할 필요가 있습니다.

1단계: 본문 중에서 바로 답을 찾을 수 있는 쉬운 질문, 2단계: 답이 보이진 않지만 생각해보면 답을 찾을 수 있는 질문, 3단계: 답이 정해져 있지 않지만 친구들의 생각을 묻는 질문… 그리고 함께 어떤 질문이 좋은 질문인지 이야기 나누는 과정을 통해 아이들의 질문도 더욱 수준이 높아지게 될 것입니다.

15 숫자를 제시해 진지하게 도전시키기

아이들이 더욱 진지하게 생각하고 사고하도록 도우려면 어떻게 해야 할까요? 그중의 한 가지 비법은 아이들에게 도전할 숫자를 제시하는 기술입니다.

외국의 한 교실에 붙어있던 환경 게시판입니다.

'It has been 0 days since the last request for a writing utensil'
  (필기도구를 달라고 요구한지 0일째 되는 날입니다.)

서울길음초등학교에 교육 컨설팅 반장으로 가게 된 날, 찍은 사진입니다.

아이들의 잦은 싸움으로 골치를 앓던 학교에서는 '변화된 숫자'를 기록해 친구와 경쟁하지 않고 이전의 자신들의 모습과 경쟁하도록 돕고 있었습니다.

터키계 미국 사회심리학자 '무자퍼 셰리프'는 1954년, 집단 간 갈등과 협동에 관한 색다른 연구를 실행했습니다. 연구가 진행됐던 지명의 이름을 따 일명 '로버스 케이브 실험'으로도 불리는 이 연구는 크게 두 주제를 다루었습니다. 첫째는 집단 간의 경쟁과 갈등이 상대에 대한 편견과 적대감을 어떻게 증가시키는지를 관찰하는 것, 그리고 두 번째는 형성된 증오감과 반목을 어떻게 치유할 것인가 그 방법을 찾아보는 것입니다.

셰리프의 연구 팀은 '방울뱀 반'과 '독수리 반' 소년들 사이에 이미 형성된 적

개심을 어떻게 제거하느냐 고민하기 시작했습니다. 두 반으로 갈린 소년들의 갈등이 최고조에 도달했을 때, 그들은 매우 단순하면서도 효과적인 전략을 찾아냅니다. 그들에 의해 시도된 새로운 전략은 집단 간의 경쟁이 두 반 모두에게 해가 되며, 오직 두 반 사이의 협동만이 상호간의 이익을 위한 최선의 선택이 되는 상황을 설정하는 것이었습니다. 예를 들어 캠프장에서 인근 동네로 음식을 구하러 가는 데 사용되었던 트럭이 깊은 웅덩이에 빠져 움직일 수 없는 상황을 만들고서는 두 반의 소년들에게 하루 종일 힘을 합하여 그 트럭을 구덩이에서 끄집어내도록 연구자들은 지시하였습니다.

그랬더니 소년들이 서로 협력하기 시작했습니다. 때로는 먹을 식수가 부족하다고 함께 양동이로 줄을 이어 식수를 받아오게 하고, 근처에 살인범이 탈주했다고 번갈아 불침번을 서게 했습니다. 그랬더니 마지막에 아이들은 서로의 주소를 교환하고 안고 울며 헤어지게 되었습니다. 그러한 변화를 만들어냈던 가장 중요한 계기는 연구자들이 그들에게 부여했던 '공동의 목표' 때문이었습니다. 공동의 목표를 이루는 과정에서 필요했던 협동심이 서로를 이성적인 동료, 가치 있는 협력자, 친구로서 인식할 수 있게 하였던 것입니다.

갈등과 경쟁은 개인의 성품 문제가 아니라 한정된 자원을 두고 어떤 한쪽만 그것을 차지할 수 있는 상황으로 인해 발생합니다. 교실에서 아이들 사이에 일어나는 갈등과 경쟁도 선생님이 제시한 한정된 자원으로 인해 발생하진 않았을까요? 이런 깨달음 덕분에 예전에 교실에서 퀴즈를 냈다면 문제를 맞힌 아이에게 사탕을 주었습니다. 그런데 그 이후에는 문제를 맞히면 그 아이가 사탕을 받고 눈금이 그려진 페트병에 사탕을 넣게 했어요. 그러다 넣은 사탕이 페트병의 눈금까지 쌓이면 페트병의 사탕을 꺼내 모두에게 하나씩 나누어 주었습니다. 그랬더니 아이들은 친구가 문제를 맞히면 배가 아파하지 않고 박수를 치기 시작했습니다. '남이 잘되면 나도 잘 돼'라는 사소하지만 위대한 진리를 몸으로 깨닫기 시작하는 수업이 되었습니다.

쌍천만 관객을 동원한 영화 '신과 함께2'에서 마동석이 말합니다. **"세상에 나쁜 사람은 없다. 나쁜 상황이 있을 뿐…"**

6학년만 계속 지도하다 보니, 아이들에게 '공동의 목표'를 제시할 때 주로 이전 학년 선배들의 기록을 기억했다가 제시합니다.

예를 들면, 국어 교과서 한 쪽을 지정하여 "이 글 속에 있는 꾸미는 말을 되도록 많이 찾아봅시다."라고 지시했을 때와 "이 글 속에 있는 꾸미는 말 5개를 모두 찾아서 써 보세요."라고 지시했을 때의 결과가 크게 다름을 우리는 잘 알고 있습니다. 말할 것도 없지만, 후자의 경우, 곧 도전할 수 있는 숫자를 제한했을 때 아이들 대부분의 눈빛이 진지하게 빛나는 사실을 많은 경험을 통해서 잘 알고 있습니다.

국어 교과서를 공부하다 '인물의 성격'에 대해 알아보는 시간, 아이들에게 발문합니다. "인물의 성격을 알아보려면 어떻게 해야 할까요?"

"인물이 한 말이나 행동을 보면 알 수 있어요."

"그렇다면 할아버지의 성격을 할아버지께서 하신 말씀과 행동에서 찾아 발표해 볼까요?"

이렇게 발문하면, 대부분의 아이들은 할아버지의 성격 한 두 가지만 찾고 친구들의 발표를 듣기만 할 것입니다. 그런데 만약 발문을 이렇게 숫자를 넣어 바꾼다면?

"할아버지의 성격을 알 수 있는 부분이 모두 5군데 나와 있습니다.

고등학생이라면 5군데, 중학생이라면 4군데, 여러분 같은 초등학생이라면 똑똑한 친구야 겨우 3군데를 찾을까 말까 한데, 한번 도전해 볼까요?"

아이들은 1~2군데가 아니라 3~4군데 이상을 찾으려 눈에 불을 켤 것입니다. 그때 넘치는 칭찬으로 "작년 선배님들은 대개 2군데를 찾고 포기했는데, 3군데 이상 찾은 친구가 열 명이나 되다니~ 선생님도 이렇게 열심히 공부하는 여러분들 보니 힘이 나서 더 수업 준비를 열심히 하게 될 것 같습니다."라고 한마디 하면 어떨까요?

16 솔직토크 종이뭉치를 던져라!

"아이들은 여간해서 친구들 앞에 속마음을 이야기하지 않습니다. 그러다보니, 성교육이나 흡연 예방교육, 학교폭력 예방교육 등 솔직한 경험을 이야기해야 하는 상황에서 쉽게 말을 꺼내지 못합니다. 결국 진짜 나누어야할 현장의 고민은 놔두고 교사가 준비한 사례 중심으로만 수업을 진행하는 경우를 많이 봤습니다. 아이들 마음 속으로 들어가 수업에 아이들을 참여시키는 방법, 교실에서도 익명으로 용기를 내어 수업에 참여하게 하는 특별한 비법이 있답니다. 이럴 땐 종이뭉치, 종이비행기를 활용해 보세요."

1. '수업'은 '아이들의 솔직함'이 필요하다.

교실 수업을 할 때, 아이들의 솔직한 이야기들을 들어야 하는 상황이 많이 있습니다. 그럴 때 아이들이 적극적으로 자신의 직접적, 간접적 경험들을 솔직하게 이야기해준다면 수업은 더욱 의미있게 전개될 것입니다.

하지만 많은 학생들은 다음과 같은 수업 상황이 되면, 입을 닫고 의견을 내지 않아 결국 교사가 혼자 떠들고 혼자 대답하는 수업, 인터넷에서 구한 통계를 바탕으로 일방적인 수업을 하게 되곤 합니다.

우리 반 안에서 진행되고 있는 학교폭력과 관련되어 학교폭력 예방교육을 진행하고 싶습니다. 선생님이라면, 어떤 수업을 구상하시겠습니까?

A교사: 인터넷으로 '학교폭력'과 관련된 통계 자료를 수집해 아이들에게 보여주며 수업한다.
B교사: 그동안 아이들을 가르치면서 겪었던 '학교폭력'의 경험 사례를 아이들이 관심있도록 구성하여 이야기하며 풀어간다.
C교사: 우리 반 아이들에게 익명 설문지를 나누어준 후, 반 아이들의 자료를 통계내어 발문시 예시로 소개하며 교과서 중심으로 수업한다.
D교사: 가장 중요한 몇 가지 발문을 아이들에게 제시하고, 아이들의 솔직한 생각을 익명으로 종이에 적어 제출하게 하여 묻고 대답하며 진행한다.

한 사회가 민주적으로 구성되고 유지되려면 그 사회의 각 구성원은 자신의 권리를 적극적으로 지켜내야 합니다. 그러나 복잡한 현대 사회는 구성원 개개인이 직접적으로 정책 입안 등의 일에 개입하기 위해서는 상당한 노력을 요구합니다. 그러다보니 구성원들은 스스로 권리를 포기하거나 익명의 다수에게 넘겨주는 일이 벌어집니다. 이것은 민주주의의 발전을 막는 요인이 됩니다. 사회가 발전할수록 이러한 경향을 사전에 방지하기 위해 교육을 통해 여러 가지 노력을 기울이고 있습니다.

교실 수업에서 아이들이 적극적으로 의견을 내고, 학생들의 의견이 수업에 적극적으로 반영될 때 수업은 더욱 참여하는 수업이 되고, 학생들은 더욱 민주 시민으로 자라게 될 것입니다. 그 과정에서 학생들의 개인적인 비밀이 보장되면서 의견을 적극적으로 내도록 장치를 준비한다면, 더욱 재미와 의미가 있는 수업이 되지 않을까요?

(1) '익명성'의 장점

'익명성'이란 어떤 행위를 한 사람이 누구인지 드러나지 않는 특성을 말합니다. 무명성, 무기명성으로 써지는 경우도 있으며 인터넷이 발달한 현대에 이르러서 상당히 주목받는 사회학적 특성이기도 합니다.

공인의 경우에는 신분과 이름이 알려져 있는 만큼, 그에 맞게 행동해야 하지만 대중은 그 신분과 이름이 알려져 있지 않아서 행동의 구속이 적습니다. 이러한 무조직과 익명성이 대중의 특징이자 가장 강력한 힘이며 이는 가끔 대중의 비합리적 행동의 원인이 되기도 합니다. 대중의 힘이 크지 않았던 과거에는 이 익명성에 논란의 소지가 적었으나 인터넷이 발달한 오늘날에 이르러서는 제법 문제가 되는 경우가 많습니다. 그러나 반대로 익명성은 대중이 가진 가장 큰 힘 중 하나이기 때문에 막연히 나쁘다고 단정지을 수도 없습니다. 그렇다면 교실에서 수업을 할 때 '익명성'은 어떤 장점을 가질 수 있을까요?

① **'익명성'은 교실 안의 부조리를 개선해 나갈 수 있으며, 이에 대한 문제의식을 조장할 수 있다.**

익명성은 우리 사회에서 꼭 필요한 내부고발이나 비윤리적인 행태의 폭로를 가능케 만듭니다. 내부 고발자는 그 특성상 높으신 분들이나 권력주체로부터 탄압당할 확률이 높은데, 이 때 내부 고발자를 보호해주는 장치가 바로 '익명성'입니다.

권력 주체나 감시 집단이 특정인을 탄압하기 위해서는 특정인의 신분을 알아내어야만 합니다. 특정인에게 유무형적인 처벌을 가하려면 특정인의 실질적인 존재를 확인해야 하기 때문입니다. 그러나 익명성은 이 신분 조사 자체를 불가능하게 만들어 특정인을 비합리적인 탄압으로부터 보호해 줍니다. 때문에 대중은 익명성을 방패삼아 사회의 부조리를 개선해나갈 수 있으며 이에 대한 문제의식을 조장할 수 있습니다. 교실에서도 이러한 '익명성'을 수업에 활용할 수 있다면, 아이들은 익명성을 방패삼아 교실 안에서의 부조리를 개선해나갈 수 있으며, 이에 대한 문제 의식을 키워갈 수 있을 것입니다.

② '익명성'은 아이들의 마음을 솔직하게 표현하게 한다.

익명으로 의사소통에 참여하는 자들은 자신들의 신원이 베일에 가려진다고 생각함으로써 심리적 안정감을 갖습니다. 교실 수업에서도 익명을 통해 아이들의 솔직한 마음을 표현하면서도 심리적 안정감을 줄 수 있는 장치를 마련한다면, 수업 시간은 더욱 아이들 마음 깊이 도달해 수업 이후의 삶에 변화를 줄 것입니다.

③ '익명성'은 내성적인 아이들도 수업에 참여하게 한다.

간디, 아인슈타인, 워런 버핏의 공통점은 무엇일까요? 모두 내성적인 성격을 가진 성공한 리더들이라는 점입니다. 간디는 특유의 내성적인 성격에서 비롯된 신중함과 자제력으로 인도 독립의 아버지가 될 수 있었고, 아인슈타인은 혼자 공상에 잠기곤 하는 성향 덕분에 상대성 이론이라는 획기적인 아이디어를 생각할 수 있었답니다.

21세기 최고의 투자가인 워런 버핏 역시 "성공적인 투자를 위해 가장 필요한 것은 지능지수가 아닌 자제력"이라는 명언을 남겼습니다. 발달심리 학자 제롬 케이건의 연구에 따르면, 내성적인 아이들의 경우 집중력과 통찰, 몰입에 있어서 외향적인 아이들보다 우수한 것으로 나타났다고 합니다. 또, 외향적인 아이들이 외부적인 보상에 민감한 반면에 내성적인 아이들은 내적인 충만감을 중시해 보상이 없이도 주어진 일에 집중하는 능력이 뛰어난 차이를 보였습니다. '익명성'은 내성적인 아이들의 장점을 수업의 전면에 부각해 표현해줄 수 있는 훌륭한 장치입니다. 내성적인 성향이 주는 최고의 가치는 '스스로 생각할 수 있는 힘'입니다. 내면 세계를 가꾸고 창조할 줄 아는 아이의 능력을 친구들 앞에서 부담가지지 않고 '익명'을 통해 표현할 기회를 준다면, 수업 중에 내성적인 아이들은 점점 자신감을 가지고 용기있게 배움의 길에 참여할 것입니다.

④ '익명성'은 심리적으로 위축되어 있는 아이들을 돕는데 중요한 역할을 한다.

익명적인 의사소통은 심리적으로 위축되어 있는 사람들을 돕는데 중요한 역할을 합니다. 흡연 아동, 학교폭력 피해 아동, 성폭력 피해, 이혼 가정 등 어떠한 정보나 조언을 필요로 하지만 이를 드러내기 힘들 때 익명성이 보장된다면, 해당하는 아이들은 보다 수월하게 자기에게 필요한 정보를 얻거나 도움 받을 수 있습니다. 솔직하게 익명을 통해 자신의 상황을 밝히면서 아이들은 그동안 혼자서 고민했던 문제를 해결할 용기를 가지게 될 것입니다. 그리고 좀 더 필요한 정보를 얻을 수 있습니다.

(2) 익명성이 가진 '단점'

하지만 '익명성이 보장되어야 자유로운 의사표현이 가능하다.'는 것은 원칙적으로 보면 그만큼 그 교실이 폐쇄되어 있음을 입증하는 것입니다. '익명성'이 주는 장점과 함께 단점까지도 들여다볼 수 있어야 합니다. 아이들 속의 '익명성'은 여러 가지 위험도 수반합니다. 책임의 귀책 가능성이 희박하므로, 스팸 메일을 발송한다든지, 다른 아이들을 속이거나 다른 사람인 척 한다든지, 남을 비방하는 문자를 보낸다든지, 불법적인 행위에 가담하는 것에 악용될 수 있습니다.

'익명성'은 영화 반지의 제왕에 나오는 '절대반지'같은 것이라고 생각한 적이 있습니다. 잘 활용하면 표현의 자유를 가져다주지만, 잘못 활용되면 누군가에겐 비수가 될 수도 있는 양날의 검! 이번 시간에 소개되는 활동들은 교실 수업에서 활용될 때 '익명성'의 선기능을 확장시켜나갈 수 있는 수업으로 이끌어 줄 거라고 믿습니다.

2. '종이뭉치를 던져라' 참여 수업

아이들과 처음 만나는 날, 아이들은 대부분 교육활동에 참여하는 것을 꺼립니다. 특히 토론이나 토의로 진행되는 교육에서 아이들은 더욱 자기 의견을 내세우는데 소극적인 모습을 보입니다. 게다가 '성교육', '흡연 예방교육', '학교폭력 예방교육' 등 아이들의 익명을 보장해주어야 하는 수업에서는 더군다나 아이들의 솔직한 발표를 기대하기 어려운 것이 현실입니다.

이럴 때 아이들의 솔직하고도 적극적인 참여를 유도할 수 있는 특별한 방법이 있습니다. 바로 '종이뭉치를 던져라' 수업입니다. 학생들의 아이디어나 의견을 도출할 때 학생들의 참여도 높이고, 무엇보다 솔직한 생각들을 익명의 힘을 빌려 적극적으로 참여할 수 있도록 도와줍니다.

(1) 종이뭉치를 던져라 지도 방법

① 학생들에게 A4용지를 한 장씩 나누어준다.
② 교사가 제시한 주제에 대해 학생들이 생각하는 아이디어를 A4용지에 자유롭게 작성한다
③ 종이뭉치를 구겨서 교실 앞쪽으로 던진다.
　이때 교사를 일부러 맞히면 쉬는 시간 교실 쓰레기를 10개 주워와야 하는 봉사 활동을 해야 한다고 하면 장난스런 반응은 줄어듭니다.
④ 교사는 앞에 던진 종이뭉치들 중에서 몇 개를 무작위로 선택하여 발표한다.

이때 이 의견에 대한 반 아이들의 생각을 솔직하게 듣고, 그 생각에 연결하여 다른 친구들의 생각을 이어주도록 합니다. 필요하다면 용기를 내어 수업에 참여해줄 수 있는지 묻습니다.
⑤ 종이뭉치에 좋은 아이디어를 작성해서 던진 학생에겐 작은 선물을 준비할 수도 있다.

(2) '종이뭉치를 던져라' 수업 사례

〈2014년 3월 3일(월) 2교시: 아이들 질문뭉치에 대답하기〉
　아이들을 처음 만난 날, 2교시에는 아이들에게 '종이뭉치를 던져라' 학습지를 한 장씩 나누어 주고, 자기 이름을 쓰지 않고 1번에 선생님께 궁금한 것, 2번에 선생님께 바라는 것을 쓰게 했다.

　5학년 때 선생님이 좋았던 사람 손 들으라니 $\frac{3}{4}$ 정도의 아이들이 손을 든다. 그 선생님과 일 년 동안 함께 지내며 좋았던 것들 중에 '선생님에게 바라는 것들'을 적으라 했다. 그리고 적은 종이를 아무렇게나 뭉쳐서 "하나둘셋" 신호와 함께 교실 앞으로 던지게 했다. 선생님을 맞히면 오늘 선생님과 단둘이 청소! 앞 사람 뒤통수 맞혀도 오늘 선생님과 데이트 청소! 아이들이 던진 종이뭉치를 펼쳐 하나하나 질문에 대답해주었다.

"선생님, 정말 궁금해요."

" 이 학습지에는 절대 자기 이름을 쓰지 않습니다.
이름을 썼다 들키면 오늘 청소를 합니다.^^; "

1. 4학년때 나는 한마디로 _____한 아이다...빈 칸에 생각하는 말을 적어준다면?
_____

2. 작년 선생님이 하셨는데, 올해도 했으면 하는 게 있으면 적어 주세요.
_____

3. 선생님께 정말 궁금한 질문 세 가지
❶ _____
❷ _____
❸ _____

4. 올해 선생님께 바라는 점은...(선생님이 읽어 보고, 노력할게요.)
_____
_____

솔직토크 종이뭉치를 던져라! · 147

아이들이 가장 많이 궁금해 하는 것

- 선생님, 결혼하셨어요? (의외로 5명이 이 질문을 하는 걸 보며 아이들이 선생님들의 나이에 대해 둔감하다는 것을 알 수 있었습니다.)
- 선생님은 왜 6학년만 가르쳐요?
- 왜 작년에는 학교에 안 계셨어요?
- 선생님 하면서 어떤 제자가 기억에 남아요?
- 6학년 때 공부 잘하셨어요?
- 선생님은 성적으로 사람을 판단하나요?
- 선생님은 어떤 아이들을 좋아하나요?

 아이들이 바라는 것

- 체육 많이 해주세요. 특히 피구와 농구!
- 피구의 규칙을 바꿔 새로운 피구를 많이 해보면 좋을 것 같아요.
- 점심시간에 축구해요. -체육시간에 런닝맨 하고 싶어요.
- 팀을 짜 축구를 해보고 싶어요.
- 하루에 한 번씩 피구나 배드민턴 하기
- 체육을 자주 하고 공부를 즐겁게 했으면 좋겠어요.
- 체육 많이 해주세요.
- 짝축구나 수건돌리기를 하며 놀아요.
- 남녀 골고루 팀을 만들어 축구하고 싶어요. (역시 1위는 체육 많이 해요)
- 무섭지 않게 친절하게 대해주세요.
- 잔소리 별로 안 했으면 좋겠어요.

- 제가 겁이 좀 많아서 화내거나 소리 지르는 것에 많이 쫄아요. 소리 지르거나 화내지 말아주세요.
- 잘하면 칭찬해 주시고, 못하면 혼내지 말고 격려, 위로의 말을 해 주셨으면 좋겠다.
- 무섭게 대하지 말아 주세요. (2위는 친절하게 대해 주세요)
- 마지막 주에 생일파티 했으면 좋겠어요.
- 영화 많이 봐요.
- 공부를 열심히 하고 싶어요. 공책에 배운 내용을 많이 정리했으면 좋겠어요.
- 시험을 잘 볼 수 있게 요점 정리를 잘 해주세요.
- 수업을 재미있게 해 주세요.
- 빨리 친해지고 싶어요.
- 이미 수업을 잘 가르쳐 주시고, 놀 때는 신나게 놀기로 소문이 자자한 선생님이기 때문에 바라는 게 없다.

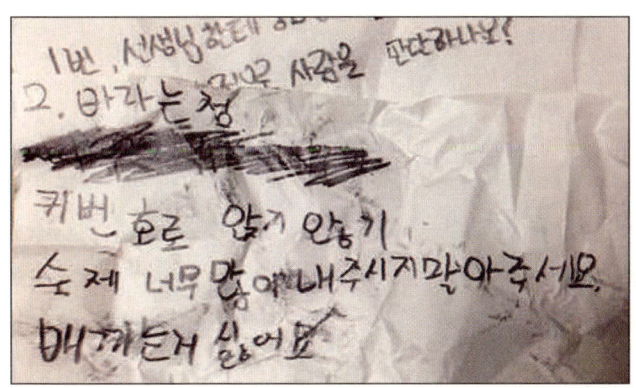

그중에서 '숙제 너무 많이 내주지 말아 주세요. 베끼는 거 싫어요.' 이 아이의 솔직한 질문에 마음 무겁다. 순수한 아이들을 나도 모르게 거짓으로 몰지 않도록 조심해야지.

"선생님은 어떤 방식으로 가르치세요?" (마지막에 이 질문을 골라 기뻤다)

"수업을 잘 하기로 유명한 조벽 교수님은 선생님이 질문하고 스스로 답하는 수업은 최하급 수업. 선생님이 질문하고 학생이 답하면 조금 발전한 수업, 학생이 한 질문에 선생님이 답하면 좋은 수업', 최고의 수업은? '학생이 한 질문에, 다른 학생이 대답하는 수업'이라고 했어요. 오늘 우리가 한 수업은 여러분이 묻고 선생님이 대답한 '좋은 수업' 이지만, 앞으론 여러분이 묻고 여러분이 대답하는 최고의 수업을 할 수 있도록 도와주길 바랍니다."

3. 종이뭉치에 답글 릴레이하기

6학년 도덕 2단원. '알맞은 행동으로'와 관련하여 수업을 준비하며, 먼저 초등 5·6학년 핵심성취 기준을 살펴보았습니다.

> 도611. 다양한 감정이 발생하는 원인을 알고 자신의 감정 표현의 결과를 합리적으로 예측하여 때와 장소 및 상대에 따라 바람직하게 감정을 표현할 수 있다.

이 대단원에서 가장 중요한 내용 요소는 도덕적 주체로 자기 자신에 대한 올바른 이해를 바탕으로 자율적으로 판단하고 결단한 내용을 성실하게 행동으로 옮기며, 그 결과에 책임을 질 줄 알고 도덕적으로 성찰하는 태도를 기르는 것입니다.

자신에게 일어나는 감정들을 '감정툰 카드'로 살펴보고 난 후에 각자 A4 용지를 한 장씩 나누어 주었습니다. 칠판에는 '분노의 감정을 다스리려면?'이라는 주제를 적고, 자신의 생각을 아래에 적도록 합니다. 그런 후에 종이 뭉치를 만들어 교실 앞쪽으로 던집니다. 이제 교실 앞에 던져진 종이뭉치 중에서 하나를 골라 자기 자리로 돌아갑니다. 혹시 자신이 쓴 글이라면, 다른 종이로 바꿔 가져가면 됩니다.

이때 답글 릴레이는 두 가지로 활용 가능합니다.

첫 번째 방법은 주제에 대한 자신의 생각을 병렬로 나열하도록 하게 할 수 있습니다.

> 【주 제】 분노의 감정을 다스리려면?
>
> 허예은 : 나는 화가 났을 때 운동을 하면 마음의 스트레스가 날아가는 것 같아.
>
> 최진기: 분노의 감정이 크게 일어날 때는 잠시 그 자리를 벗어나서 혼자 있으면 돼.
>
> 하선정: 나는 너무너무 화가 나면 음악을 들어. 음악을 듣고 있다 보면 마음이 풀리는 것 같아.

둘째는 앞에 쓴 아이의 답글에 대한 자신의 생각을 글로 쓰게 할 수 있습니다. 예를 들어 찬반 토론의 경우에 '휴대폰을 교실에서 걷어야 하는가?'라는 주제라면, 첫 번째 아이는 자신의 입장을 밝혀 답글로 씁니다.

> 【주제】 휴대폰을 교실에서 걷어야 하는가?
>
> 임원철: 수업 시작하기 전에 걷고, 하교하기 전에 돌려줘야 한다고 생각해. 왜냐하면 학교에서만큼은 휴대폰을 하지 않고 공부에 집중할 수 있어야 하니까.
>
> 허승환: 내 생각은 조금 달라. 이렇게 강제로 걷으면 아이들 중에는 몰래 휴대폰을 가져가거나 휴대폰을 2개 준비해서 속이는 아이들이 나올 수도 있다고 생각해.
>
> 김선영: 휴대폰 중독을 해결하려면 강제로 걷는 게 아니라 가지고 있으면서도 스스로 절제할 수 있어야 한다고 생각해. 그러려면 걷지 않아야 하지 않을까?

4. '릴레이 퀴즈' 종이뭉치로 진행하기

단원 정리를 매번 시험지로만 해서 아이들에게 스트레스를 주던 한 선생님께 릴레이 퀴즈 수업을 소개해 드렸습니다. 선생님께서 제게 보낸 메일 내용입니다.

"특히 가르치기도 어렵고 배우기도 어려운 사회 시간에 릴레이 퀴즈를 해보니 아이들이 흥미도 느끼고 이해도 쏙쏙 되는 것 같더라고요. 스피드 퀴즈, 골든벨, 단어캔슬링 게임 등을 해 보았는데, 그중에 릴레이 퀴즈가 제일 나은 것 같아요." 라고 하셨습니다.

'릴레이 퀴즈'는 이어달리기 하듯 선생님이 나누어주신 단원정리용 카드의 문제를 풀어가야 하는 수업놀이입니다. 아이들이 가장 열광하는 릴레이 퀴즈인 만큼 교사의 수고도 많이 필요합니다. 선생님은 미리 반 아이들 수만큼 단원 정리용 문제 카드를 만드셔야 합니다. 이때 한 문제의 정답을 문제 카드의 아래쪽에 적습니다. 이때 주의할 것은 쪽지 위쪽에 '강낭콩 꽃이 진 뒤에는 무엇이 열리나요?' 라고 문제를 적고, 정답은 또 다른 쪽지의 아래쪽에 '열매'라고 적어야 합니다.

[문제1] ○○은 결혼식을 마치고 신랑의 집안 어른들께 첫인사를 올리는 것이다. 정답: 집안일	[문제2] 옛날에는 아이 돌보기나 바느질 등의 ○○○을 주로 여자가 했다. 정답: 기러기
[문제3] 옛날에는 결혼식을 할 때 나무 ○○○를 주고받았다. 정답: 확대 가족	[문제4] ○○ ○○은 결혼한 자녀와 부모가 함께 사는 가족이다. 정답: 폐백

사회 3학년 2학기 3-(1) 가족의 구성과 역할 변화 (96~113쪽)

먼저 아이들 개인별로 한 장의 문제 카드를 나누어 줍니다. 이때 발표통에서 이름이 뽑힌 아이가 처음으로 쪽지에 적힌 문제를 읽습니다. 아이가 읽어주는 문제를 잘 듣고, 교사가 '5초'를 셉니다. 이때 문제의 정답이 자기 문제 카드 아래쪽에 적혀있는 아이가 "정답"이라고 외치면서 일어나 정답을 읽습니다. 이때 정답 쪽지를 들고 있으면서도 제때에 일어나지 못하는 아이에게는 다시 10초의 시간을 더 주었다가 수치심을 느끼지 않을 정도의 간단한 벌칙(예: 교실의 쓰레기 10개 주워오기, 머리에 고무줄 묶기, 검은 테이프 얼굴에 붙이기 등)을 줍니다. 시간을 정해두고, 20분 안에 끝내면 아이들과 함께 미리 정한 혜택(오늘 숙제 없음, 자율 배식, 컴퓨터실 자유 시간 등) 을 준다고 하면 아이들이 모두 쫑긋 귀를 세우고 듣습니다.

교사는 미리 책상 위에 릴레이 퀴즈 정답표를 준비하여 틀렸을 경우에 누가 대답하지 않았는지 확인합니다. 한번 활용한 쪽지는 걷어 골든벨 문제 등으로 재활용할 수 있습니다.

릴레이 퀴즈를 단원정리 학습으로 가장 효과적이라고 손꼽은 이유 중의 하나는 여러 번에 걸쳐 반복 학습이 가능하다는 점 때문입니다. 시간이 남거나 다음 시간 공부를 시작하며 '지배아모 퀴즈'(지난 시간에 배운 것을 아느냐 모르느냐 퀴즈)를 낼 때도 나눠주고 5분 안에 빨리 진행할 수 있습니다. 여러 번 반복할수록 아이들은 더 능숙하고 더 빨리 다른 친구들의 질문과 답에도 관심을 가지며 학습하게 됩니다.

그런데 매번 교사가 문제를 준비하고 카드를 인쇄하는 과정이 많이 번거로웠습니다. 수업을 진행하면서 번거롭게 준비하는 수업들은 점점 더 안 하게 됩니다. 그래서 그 과정을 종이뭉치를 활용해 간단히 줄여 보았습니다.

① 개인별로 A4 용지 한 장씩 나누어 준다.

② 용지 위쪽에 자신의 이름을 쓰고, 공부한 내용 중에서 문제 하나를 뽑아 적는다.

문제를 만들고 난 후에는 모둠 친구들과 함께 적절한 문제인지, 문제가 겹치지 않는지 상의할 시간을 주었습니다. 몇몇 친구들은 문제를 만들어내는 것이 아주 힘들기 때문에 친구들과 상의하는 과정이 꼭 필요합니다.

③ A4용지를 구겨 종이뭉치를 만들고, 교사의 "하나둘셋" 신호에 맞춰 교실 앞으로 던진다.

④ 교실 앞으로 나와 자신이 던지지 않은 종이뭉치를 가져간다.

⑤ 가져온 문제의 아래쪽에 앞서 자신이 만들었던 문제의 답을 적는다.

⑥ 교사의 신호에 따라 두 번째로 종이 뭉치를 교실 앞으로 던진다.

⑦ 마지막으로 던져진 종이 뭉치 중에서 한 장을 가져간다.

⑧ 발표통에서 이름이 뽑힌 아이가 가장 먼저 자신의 종이뭉치에 적힌 문제를 읽는다.

⑨ 이때 교사가 5초를 세는 동안, 종이 뭉치 아래에 정답이 적힌 아이만 "정답"이라고 외치고 도전한다.

⑩ 정답을 맞힌 아이가 릴레이로 자신의 문제 카드에 적힌 문제를 읽어 계속 릴레이로 진행한다.

Q1. 학생들이 가장 싫어하는 피자는? **자원봉사자**	Q2. 신데렐라가 불면증에 걸리면 네 글자로? **최저임금**
Q3. 모자가 놀라면 네 글자로? **맘마미아**	Q4. 세상에서 가장 착한 사자는? **일본 사람**
Q5. 방금 화장실에서 나온 사람은 어느 나라 사람인가? **모짜렐라**	Q6. 남자는 힘, 여자는 ? **책피자**
Q7. 엄마가 길을 잃으면 네글자로? **헐(HER)**	Q8. 가장 가난한 왕을 네 글자로? **모자이크**

정답 순서: 1-6-7-3-8-2-5-4-1

5. OX판을 활용한 '속마음 토크' 참여 수업

아이들의 솔직함과 서로의 생각의 차이를 보여줄 수 있는 좋은 방법 중에 OX판을 활용하는 방법도 괜찮습니다. 일단 공통된 질문에 O나 X중 선택해 들어 올리게 하고, 서로 다른 생각이 나온 까닭을 교사가 질문하면 됩니다.

때로는 간단한 부직포 판 뒤에 아이들이 몸을 숨기고, 손만 내밀고 목소리를 변조하여 자기의 의견을 내세우게 할 수도 있습니다. 얼굴이 보이지 않기 때문에 더욱 솔직하게 자기의 생각을 밝혀 수업에 참여할 수 있도록 도와줍니다.

6. '종이뭉치나 종이비행기를 던져라' 수업시 유의할 점

'종이뭉치나 종이비행기를 던져라' 수업을 할 때 미리 알고 조심할 점은 무엇이 있을까요? 실제로 진행하면서 경험으로 알게 된 점을 몇 가지 부탁드립니다.

(1) 종이비행기의 뾰족한 면에 다치지 않도록 조심한다.

특히 '종이비행기'를 접어서 날릴 때에는 앞부분이 뾰족하므로 교사는 사전에 아이들이 던진 종이비행기에 서로 얼굴을 맞지 않도록 사전 지도를 해야 합니다. 특히 무심코 고개를 돌려 뒤를 돌아보았다가 날카로운 앞부분에 얼굴이 다칠 수 있음을 강조하셔야 합니다. 그런 일이 있을까 싶지만, 의외로 일어납니다. 무엇보다 '안전'이 우선되어야 합니다.

(2) 다양한 색상의 용지로 종이비행기를 접는 것이 좋다.

종이비행기를 접는 A4용지는 하얀색 용지도 좋지만, 여러 가지 색상의 컬러 용지를 사용하면 시각적으로 화려해 보이는 효과가 있습니다.

또 A4용지를 나누어 주기 전에 종이비행기를 어떻게 접는지 알려 주면, 종이비행기 접는 방법을 잘 모르던 아이들도 창의적으로 종이비행기를 접는 방법에 대해 관심을 가지고 연구하기도 합니다.

(3) 익명으로 냈지만, 본인을 밝힐 수 있다면 본인에게 읽도록 부탁한다.

때로는 이름을 밝혔을 때 더 도움이 되는 경우가 있습니다. 이럴 때에는 교사가 본인임을 밝히고 읽어줄 수 있을지 정중하게 부탁하고, 익명의 누군가가 허락할 경우에만 읽어줄 수 있도록 진행합니다.

아이들에게는 '죽음의 수용소에서'의 저자 빅터 프랭클이 유태인 포로수용소에서 죽음만을 기다리는 상황에서도 꿈을 잃지 않고 살아 돌아와 남겼던 글 속의 한마디를 읽어주었습니다.

'나를 죽이지 못한 것들은 나를 더욱 강하게 만든다.' 혹시 엄마 아빠의 이혼으로 마음 속에 상처를 받은 아이가 있을 수도 있습니다. 하지만, 또 다른 이혼으로 인해 상처를 가지게 된 아이에게 자신의 상처를 딛고 일어선 이야기를 해주는 순간, 교실은 모두들 숙연해 졌습니다. 자신의 상처를 용기 있게 이야기 꺼내고, 그런 이야기들을 장난스레 받아들이지 않는 아이들의 성숙한 사고가 멋졌던 하루였습니다.

(4) 지나치게 상처가 될 이야기나 장난스러운 답글은 진행하며 조절한다.

익명은 솔직함을 주지만, 때로는 익명을 힘입어 대충 글을 쓰거나 지나치게 직설적으로 글을 써서 다른 아이들에게 상처가 되는 글이 나올 수도 있습니다. 미리 훑어보고 누군가에게 상처가 되지 않도록 수위를 조절하여 읽어주도록 합니다. 자칫 그런 아이들에게 감정적으로 화를 내다 보면, 누군지도 모르는 아이 한 둘 때문에 모두가 불안함에 떨 수 있습니다.

(5) A4용지에 바로 글을 쓰기보다 사전에 A4용지를 가장 멀리 날리려면 어떻게 해야 할지 생각해보게 발문한다.

A4용지를 나누어 주고 묻습니다. "A4용지를 가장 멀리 날리려면 어떻게 해야 할까요?"

종이비행기를 만든다……. 이렇게 접어본다 등 다양한 대답이 나오겠지만 실제로 가장 멀리 나가는 방법은 종이를 뭉쳐 던지면 됩니다. 세상을 살아가는 것도 비슷합니다. 엄마·아빠가 이혼한 일을 겪은 친구도 가족들이 아픈 친구도 있고, 성적 때문에 힘들어하는 아이도 있습니다. 하지만 여러분에게 닥친 힘겨운 일들이 마치 종이뭉치가 그렇듯이 여러분을 더욱 강하게 만들 것입니다. A4용지 한 장을 그냥 던지면 멀리 던질 수 없지만, 구겨진 A4용지는 어떤 A4용지보다 멀리 날아가는 것처럼!!

아이들에게 함께 '자존감'과 관련해 만 원짜리 지폐를 꺼내 이 지폐를 가지고 싶은지 물어봅니다. 많은 학생들이 손을 듭니다. 이번에는 만 원짜리 지폐를 조금 구겨서 보여주며 여전히 가지고 싶은지 묻습니다. 역시 아이들은 모두 손을 듭니다.

다음에는 아주 꼬깃꼬깃 구겨서 보여주며 이래도 가지고 싶은지 물어봅니다. 여전히 아이들은 모두 손을 듭니다. 그러면 아이들에게 이렇게 구겨지고 엉망인데도 왜 가지고 싶냐고 묻습니다. 아이들은 "아무리 구겨도 만원은 만원이잖아요."라고 대답합니다. 그때 아이들에게 조용히 이야기했습니다.

"아이들에게 인생에서 때로는 원하는 대로 일이 풀리지 않고, 시험 성적이 곤두박질칠 때도 있지만...그래도 여러분은 선생님에게도, 그리고 여러분 가족에게도 아주 특별한 존재입니다. 만 원짜리가 구겨져도 만 원짜리이듯이...절대 그것을 잊지 마세요."

17. 준비 없이 역할극 하기

"화폐의 필요성이 무엇입니까?"라고 발문하는 수업을 본 적이 있습니다. 아이들은 무슨 질문인지 의도를 파악하지 못해 전체적으로 죽어있는 반응의 수업입니다. '화폐의 필요성'이라는 용어 자체가 아이들에게 제대로 해석될 리가 없습니다. 만약 "돈이 없다면 우리 주변에는 어떤 일이 벌어질까요?"라고 발문했다면 어떻게 되었을까요? 아마도 아이들은 더욱 활발하게 수업에 참여했을 것입니다. 한형식 수업기술연구소 소장님의 발문기술의 법칙2-⑥은 '본질대신 현상을 묻는다.'입니다.

- 학급 규칙을 지켜야 하는 까닭은 무엇입니까 (본질)
- 학급 규칙을 지키지 않으면 어떤 일이 일어날까요? (현상)

6학년 2학기 사회 1단원. 우리 생활과 민주정치 '법이 필요한 까닭'을 가르친다면, 어떤 방법으로 가르치겠습니까? "법은 왜 만들었을까요?"라는 직접적인 발문은 사고를 어렵게 합니다. "만약 갑자기 세상의 법이 사라져 버린다면 어떤 일이 벌어질까요?"라고 물어야 합니다. **하지만 이런 발문보다 더 좋은 것은 모둠별로 이런 발문 상황을 직접 대본을 쓰고, 역할극으로 발표해보는 것이라 생각합니다.**

'역할극'은 학생들이 수업시간에 대본을 쓰고, 그것을 연극으로 표현해 볼 수 있는 기회를 가지는 가장 중요한 말하기, 듣기, 쓰기 수업입니다. 게다가 극적인 요소를 포함하고 있기 때문에 학생들의 흥미를 이끌어내 재미있는 수업을 할 수 있습니다. 문제는 매번 역할극을 준비하는 과정이 번거롭고 어렵다고 생각해 쉽게 적용하지 못하는 선생님이 많습니다.

어떻게 하면 부담 없이 간단히 역할극을 통해 아이들이 모두 참여하면서 배움이 일어나는 좋은 수업을 할 수 있을까요?

1. 모둠순서 플래시 활용하기

역할극을 할 때 1모둠부터 차례대로 하라고 하면 앞에 발표하는 아이들의 불만이 쌓입니다. 이럴 때는 모둠순서 플래시를 활용하면 효과적입니다. 컴퓨터가 순서를 정해주기 때문에 아이들도 불만 없이 납득합니다. 특히 지금은 사라진 '다음키즈짱'에서 만든 모둠순서 플래시는 모둠번호와 함께 동물들이 달리기를 하고 랜덤으로 결과가 결정되면 아이들이 미리 순서를 볼 수 있어서 아이들도 재미있어하고 더욱 효과적입니다.

2. 무비 슬레이트로 실감나는 시작!

만 원짜리 무비슬레이트 하나 준비해서 연극을 시작할 때에 "레디~"라고 외치면, 아이들이 "액션"이라고 외치며 연극을 시작하게 합니다. 없다면, 그냥 손으로 박수를 쳐도 됩니다.

3. A4 라벨지로 역할 붙이기

5분정도 모둠별로 간단한 대본을 짠 후에는 반으로 잘라 나누어준 A4라벨지에 자기 역할을 적어 가슴에 붙입니다. 시작할 때 "OO 역할을 맡은 OOO입니다."라고 소개하고 시작하면 보는 아이들도 역할극을 이해하기 쉽습니다.

　최근 김미옥 선생님의 아이디어로 개발된 '썼다 지우는 역할놀이 머리띠'를 구입했습니다. 역할놀이 머리띠 덕분에 좀더 수월하게 아이들의 역할극을 진행할 수 있어서 선생님들께도 권해 드리고 싶습니다.

4. 역할극 진행시 실감나는 효과음 활용하기

　효과음 mp3를 모두 준비해 역할극을 진행할 수도 있겠지만, 좀 더 쉬운 방법으로 효과음 플래시를 만들었습니다. 상단의 탭에 '동물', '자연', '기타', '배경음'까지 선택하도록 하여 대부분 자주 활용되는 배경음을 클릭만 하면 활용할 수 있습니다.

예를 들어 무서운 이야기를 들려줄 때에는 '배경음' 탭을 눌러 '공포 분위기'를 클릭하고 들려줄 수도 있답니다.

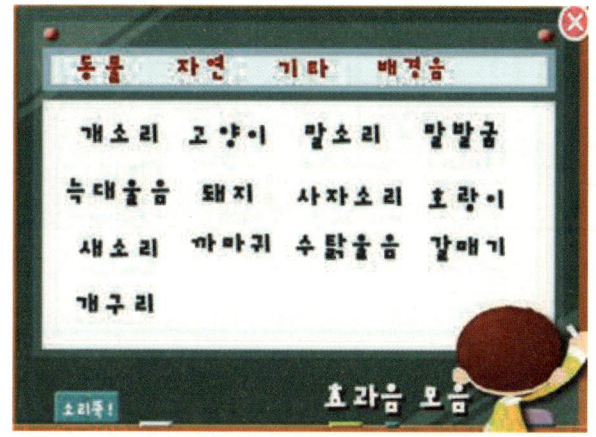

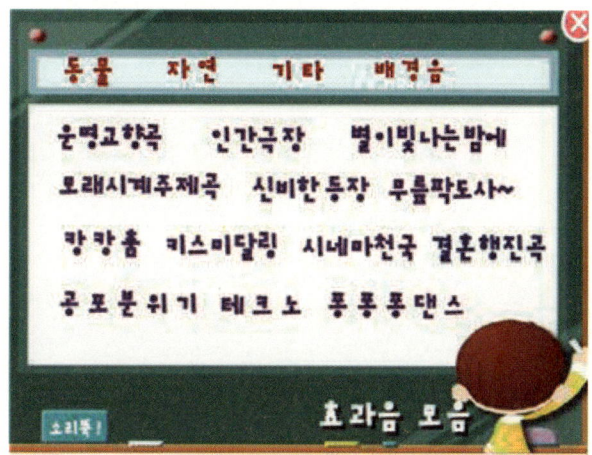

실제로 역할극을 지도할 때는 대본 없이 하는 역할극이 좋습니다. 모둠 친구들끼리 '대충 ~한 상황이다.' 정도로만 협의하고 그 상황에 맞게 즉흥적으로 역할극에 도전해 발표합니다.

　상황만 변하지 않는다면 대사는 바뀌어도 상관없습니다. 이럴 때 아이들도 좀 더 편하고 자유롭게 연극에 도전할 수 있습니다. 즉흥극 연습 후 자신의 역할만 필요한 경우 대사를 적도록 허용하면 좀 더 나아집니다. 아이들의 상상력을 자극하여 필요한 물건이 있으면 다 사용할 수 있고, 상상력으로 물건을 만들어도 좋다는 상황을 만들면 더욱더 흥미진진해집니다.

모두 협력해 휴대폰을 울려라!

인공지능(AI)이 인간의 일자리를 대부분 대체할 것이라는 경고가 나오는데도 우리 아이들은 교실에서 '근의 공식'이나 '태정태세 문단세'를 외우고 있습니다. 책이나 활자보다 영상과 이미지를 더 좋아하는 학생들에게 19세기 교육은 얼마나 효과가 있을까요? 이런 현실을 요즘 아이들의 눈이자 뇌인 스마트폰을 이용해 극복해보려는 시도들이 있습니다. 스마트폰, 선생님은 학교에서 스마트폰을 사용하는 것에 대해 어떻게 생각하시나요?

2017년 3월 교탁 앞에 놓인 가방에 휴대폰을 제출했다 4시 종례때 돌려받는 학교의 조치가 개인의 자유를 지나치게 침해한다고 생각한 경기도의 한 여중생이 국가인권위원회에 진정을 냈습니다. 인권위는 즉각 조사에 들어갔습니다. 학교 측의 반박도 만만치 않았습니다. "일과 중에 휴대폰을 사용할 수 있게 하면 수업에 방해가 될 수 있다"고 주장하는 학교 측 입장에 인권위는 학생들의 휴대폰을 조회 시간에 수거했다가 종례 시간에 돌려주는 이 중학교의 '학교생활 인권규정'이 헌법이 보호하는 통신의 자유를 지나치게 침해한다고 판단했습니다. 이에 해당 학교장에게는 학교생활 인권규정 개정을, 경기도교육감에게는 도내 학교들의 휴대폰 사용 전면 제한 규정을 점검·개선하도록 권고했습니다.

인권위원회는 "현대 사회에서 휴대폰은 개인 간의 상호작용을 증대시키고 사회적 관계를 생성·유지·발전시키는 도구다. 각종 정보를 취득할 수 있는 생활필수품의 의미도 있다."며 "학교는 휴대폰 소지를 전면 금지하기보다 공동체 내 토론으로 규율을 정하고 이를 실천하는 과정을 통해 학생들이 본인의 욕구와 행동을 통제·관리할 수 있는 역량을 기르게끔 교육하는 것이 바람직하다"고 밝혔습니다.

'휴대폰을 울려라!' 참여수업은 마치 방탈출 게임처럼 아이들이 협력하여 미션을 수행하고 얻은 번호에 전화를 걸어 성공하면 되는 스토리텔링형 수업입니다. 2002년도에 김인정 선생님께 배워 좀 더 진화시켜 활용하고 있습니다.

1. '휴대폰을 울려라' 수업 방법

(1) 다른 반 선생님의 휴대폰을 잠시 빌린다.
　이때 그 선생님의 휴대폰 번호를 미리 알아두어야 합니다. 다른 선생님의 개인정보를 가지고 수업하는 게 부담된다고 생각하시면, 반 아이 중에서 한 명을 몰래 불러 미리 허락을 받고 휴대폰을 빌리는 방법도 괜찮습니다.

(2) 그 번호를 알아내는 문제를 만든다.
　대개의 경우, 휴대폰 번호 010-XXXX-XXXX 중에서 X에 해당하는 8개의 문제를 만드는 것이 좋습니다.

(3) 아이들끼리 협력하여 8개의 휴대폰 번호를 모두 구하도록 한다.

(4) 아이들이 함께 구한 휴대폰 번호를 눌러 휴대폰 벨소리가 울리는지 확인한다. 예를 들어 옆 반 선생님의 휴대폰 번호가 010-8245-7861 이고, 수학 시간, 약분과 통분을 공부한 후라면,

① $\frac{1}{3}$과 크기가 같은 분수를 만들었을 때 가장 크기가 작은 분수의 분모와 분자의 합은 얼마인가요? (8)

② $\frac{4}{8}$을 기약분수로 만들었을 때 분모의 수는 얼마인가요? (2)

③ 우리나라 사람들은 이 숫자를 싫어합니다. 일명 죽음의 숫자라고도 하는데 과연 이 숫자는 무엇일까요? (4)

④ $\frac{1}{5} + \frac{10}{25}$의 계산을 하려고 합니다. 분모는 어떤 숫자로 통분하면 될까요?(5)

이런 식으로 휴대폰 번호를 차례대로 알아갈 수 있게 만들면 됩니다.

(5) 프레젠테이션 프로그램으로 차례차례 미션을 제시한다.

(6) 학생들은 개인 골든벨판에 정답을 적고, 교사의 "하나둘셋" 소리와 함께 골든벨판을 들어올린다.

(7) 교사는 학생들이 함께 상의하여 적은 정답을 우리 반의 답으로 결정하고, 칠판에 하나씩 미션을 수행했을 때마다 적어둔다.

(8) 마지막 미션까지 마친 후에 교사는 칠판에 적힌 번호로 휴대폰을 걸어 진짜 울리는지 확인해 준다.

(9) 이때 스피커폰으로 진짜 연결이 되는지 모두가 확인할 수 있도록 해준다.

2. 휴대폰을 울려라 수업시 유의할 점

(1) 8개의 미션은 스토리텔링으로 몰입할 수 있게 제시한다.

이왕이면 아이들이 수업 상황에 빠져들 수 있도록, 그리고 모든 아이들이 협력하여 상황을 해결할 수 있도록 재미있는 상황을 만드는 것이 좋습니다.

"미래로부터 여러분에게 곧 지구가 멸망할 수도 있는 사건이 벌어진다는 전화가 걸려 왔습니다. 그런데 귀 어둡고 눈이 잘 보이지 않는 할아버지께서 전화를 받다보니, 어떤 번호로 전화가 왔는지 아무도 모르게 되었어요. 집으로 돌아온 여러분이 제대로 전화를 걸 수 있다면, 지구의 멸망을 막을 수 있는 방법을 알게 될 것입니다. 우리 함께 머리를 모아 8개의 숫자를 구해볼까요?"

진짜 그 사람이 된 것 같은 몰입감과 현실감, 단서를 발견하고 문제를 해결하는 기쁨, 실마리가 모두 풀리고 비밀이 밝혀졌을 때의 시원함, 머리 맞대고 팀워크로 같이 문제를 풀어나갔을 때의 짜릿함이 더욱 수업을 재미있게 만들 것입니다.

(2) 휴대폰으로 전화 연결을 시도했을 때, 연결이 제대로 되지 않았다면 어디에서 잘못되었는지 함께 다시 찾아보도록 한다.

010을 제외한 8개의 미션을 처음부터 하나하나 아이들 스스로 검산해볼 수 있는 시간을 가집니다. 이렇게 확인하는 과정을 통해 '반복'하여 복습을 할 수 있는 좋은 기회가 됩니다.

(3) 시간이 넉넉하다면, 모둠별 미션으로 8개의 문제 세트를 준비하여 진행한다.

섞여있는 문제 세트의 번호가 5라면 다섯 번째 문제의 답이라는 것을 알 수 있습니다. 모둠번호 1번부터 차례대로 나와 8개의 문제 세트 중에서 하나를 가져가 모둠과 함께 풀도록 합니다. 이렇게 모둠별 미션으로 설계할 때는 몇 가지 주의할 점이 있습니다.

① 모둠 아이들이 서로 협력해야 풀 수 있는 문제를 준비합니다.
  종종 뛰어난 한 아이가 모두 해결하고, 다른 아이들은 방관하는 경우가 많습

니다. 문제 세트가 올 때마다 함께 상의하는 시간을 가지도록 약속합니다.

② 해결한 문제 세트는 원래 자리에 가져다 둡니다.
이렇게 해결된 문제는 잘 정리해 다른 반에서도 활용할 수 있도록 합니다. 준비가 쉽지 않은 만큼 다른 교실에서도 즐거운 참여 수업을 만들 것입니다.

③ 풀었던 문제의 힌트를 절대 다른 팀에게 알려주지 않아야 합니다.
종종 힘들게 풀어낸 결과를 친한 친구가 있는 모둠에게 알려주는 경우는 공정하지 않음을 미리 안내합니다.

이렇게 가져간 문제부터 차례차례 구해 먼저 전화를 걸어 성공하는 팀은 교실 앞으로 나와 남은 팀을 응원할 수 있도록 하면 더욱 재미있게 참여합니다.

(4) 방탈출 게임에서 활용하는 도구들을 활용하면 더욱 재미있다.

최근 유행이 된 방탈출 게임에서 활용되는 '자물쇠'나 '미니 금고'가 있다면 좀 더 재미있게 번호를 눌러 활용할 수도 있습니다.

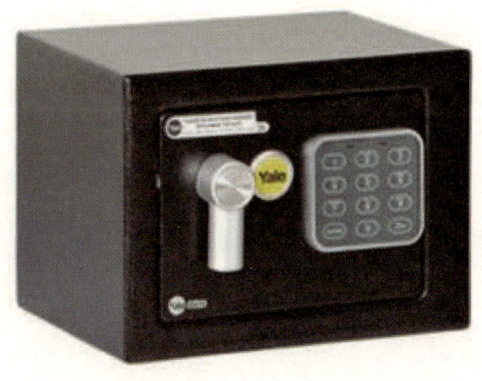

최근 방탈출 게임이 유행하며 함께 활용할 수 있는 좋은 도구들이 많이 판매되고 있습니다. 100% 자물쇠형 장치나 소품 활용없이 자물쇠만 배치된 테마. 대부분은 문제, 퍼즐 퀄리티나 구성이 좋으면 비교도 안 되는 몰입감을 자랑하며, 자물쇠만 배치하면 되니 완성도를 더욱 높일수 있습니다. 추리와 문제 해결로 극복하는 미션은 자칫 문제 풀기-자물쇠 따기의 반복이라 문제를 잘 푸는 사람에게는 잘 맞지만, 지루할 수도 있습니다.

(5) 꼭 계산을 하지 않아도 단서를 제공할 수 있다.

지나치게 계산 위주로 미션을 해결하게 하면, 아무래도 공부를 잘하는 아이들만 돋보일 수도 있습니다.

예를 들어 동그란 종이 고리를 다 모아야 알 수 있는 숫자를 제시할 수도 있습니다.

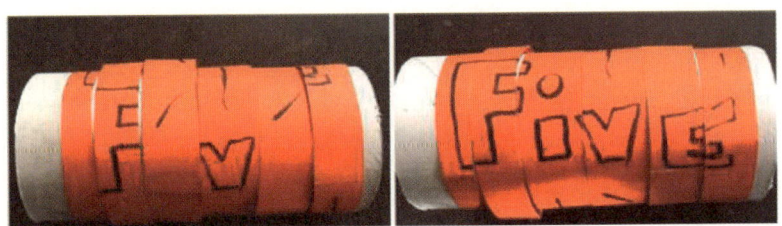

알 수 없는 암호의 풀이표를 교실에 숨겨 찾게 할 수도 있습니다. 보물찾기를 하는 것 같은 즐거움을 느끼게 됩니다.

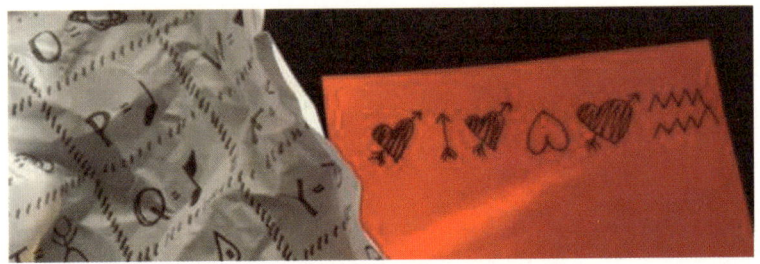

찢어진 종잇조각들을 모으다 보면 풀어야 할 문제가 보일 때, 아이들은 얼마나 짜릿한 기쁨을 맛보게 될까요!

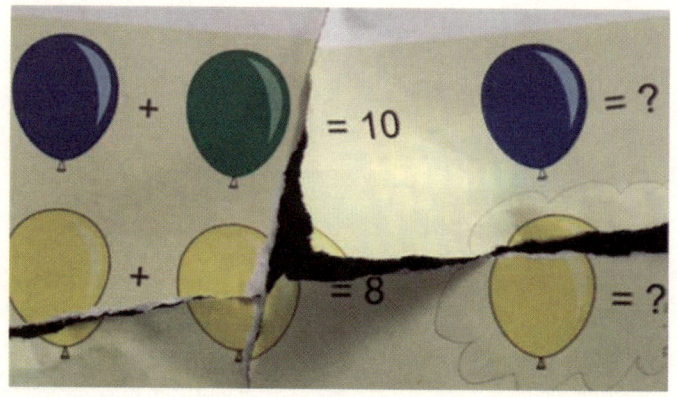

역사가 쉬워지는 연대 암기법 활용하기

을지문덕 장군의 '살수대첩'은 몇 년도에 일어났을까요? '612년'이라는 것을 기억하고 있는 분은 거의 없을 것입니다. 하지만 '612'라는 숫자를 그림처럼 '을'로 생각한다면 절대 잊혀지지 않을 것입니다. 몇 년도에 살수대첩이 일어난 게 뭐가 중요하냐고 생각할 수 있습니다만, 저는 조금 다르게 생각합니다.

1. 역사의 전체 흐름을 꿰는 연대 암기

우리나라 역사 공부를 하려면 전체 흐름을 정확히 알고 있어야 합니다. 그저 시험 위주로만 공부하고 잊어버리는 일회용 공부는 실제 시험에도 별로 도움이 안 되며, 국사 전체를 공부하는데도 도움이 안 됩니다. 오래전 조상들이 세웠던 시대별 국가 설립 연대, 중요한 사건의 연대를 알고 있으면 전체 한국사의 뼈대

골조 공사가 되어 있는 건물처럼, 관련된 모든 한국의 역사들이 탄탄하게 장기기억으로 저장되게 됩니다. 공부를 하든, 역사 현장을 방문하든, 역사 드라마, 역사 영화를 보든 뭐든지 즐거움과 연결이 되게 하는 것입니다.

옷을 정리할 때 종류나 계절에 따라 차곡차곡 정리하면 나중에 필요할 때 찾기 쉽지만 한꺼번에 쑤셔 넣으면 찾기 어려운 것처럼 우리의 기억도 처음에 입력할 때 정리를 잘해놔야 시험처럼 급박한 상황에서 쉽게 꺼내 쓸 수 있습니다. 결국 '암기법'의 핵심은 기억을 구조화하는 데 있습니다. 구조화된 지식은 '저장'과 '인출'이 쉽기 때문입니다.

저는 서울교육대학교에 들어오기 전에 역사가 좋아 다른 대학교에서 '역사학과'를 전공하며 2학년 1학기까지 학교를 다녔습니다. 고등학교 때부터 방대한 역사 공부의 큰 틀을 잡을 수 있었던 비결은 숫자를 활용한 특별한 연대 암기법이 도움이 되었습니다. 그래서 고학년 역사 수업을 지도할 때도 그때 익혔던 연대 암기법의 효과를 톡톡히 보고 있습니다.

```
  1  2  3  4  5  6  7  8  9  10 11 12 13 14
  ㄱ  ㄴ  ㄷ  ㄹ  ㅁ  ㅂ  ㅅ  ㅇ  ㅈ  ㅊ  ㅋ  ㅌ  ㅍ  ㅎ

보기1) 병자호란이 일어난 1636년(ㄱㅂㄷㅂ)년을 암기할 때
1. 병자호란에서 연상되는 단어를 찾습니다. (병자호란-> 병자(病者))
2. 연상된 '병자'라는 단어를 ㄱㅂㄷㅂ(1636)의 단어에 연결합니다.
3. 병자는 극복 담배…병자는 극복담배해야 한다.
================================================
1. 고조선(2333): 처음으로 내딛 단단(2333)한 단군왕검의 첫걸음.
```

사회 과목을 학생들이 무작정 외우려 하기 때문에 어렵게만 느껴지는 경우가 많습니다. 우선은 풍부한 이해를 바탕으로 흐름을 만들고 그것이 자연스럽게 체

화되도록 해야 됩니다.

역사 강의로 유명한 설민석 강사는 '미미광어'라는 암기 키워드로 이름을 날렸습니다. '미미광어'는 한 포털 사이트에서 설 대표 연관 검색어이기도 합니다. 실제로 대입 수능시험에 출제된 문제에서도 '신미양요'는 여러 번 출제되었습니다. 학생들이 한국사를 공부하면서 외우기 쉽게 만든 하나의 암기 키워드로, '신미양요'는 '미'국과의 전쟁으로서 '광'성진에서 '어재연 장군이 막은 전투이다'라는 걸 재미있게 줄인 말입니다.

○ 문항에 따라 배점이 다르니, 각 물음의 끝에 표시된 배점을 참고하시오.
  3점 문항에만 점수가 표시되어 있습니다. 점수 표시가 없는 문항은 모두 2점입니다.

1. 그림과 관련된 역사적 사실로 옳은 것은?

'어재연 장군기'는 장수 수(帥)자가 적혀 있는 깃발이다. 이 깃발은 어재연 장군이 광성보 전투에서 사용하였다.

① 거문도를 불법으로 점령하였다.
② 절영도에 대해 조차를 요구하였다.
③ 강화읍을 점령하고 외규장각 도서를 약탈하였다.
④ 제너럴 셔먼호 사건을 구실로 통상을 요구하였다.
⑤ 운요호가 강화도에 접근하여 무력 도발을 감행하였다.

유튜브에서 그의 강의를 본 사람은 컴퓨터 그래픽으로 팔딱이는 광어 그림과 신미양요를 잊어버릴 수 없게 됩니다.

2. 역사 연도를 쉽게 외우는 숫자 암기법

가장 손쉽게 역사 연대를 기억하고자 한다면, 숫자 암기법을 권해 드립니다. 닿소리를 각각 숫자와 연결 짓습니다.

1	2	3	4	5	6	7	8	9	10	11	12	13	14
ㄱ	ㄴ	ㄷ	ㄹ	ㅁ	ㅂ	ㅅ	ㅇ	ㅈ	ㅊ	ㅋ	ㅌ	ㅍ	ㅎ

예를 들어 '병자호란'이 일어난 1636년(ㄱㅂㄷㅂ)년을 암기하려고 할 때에는

① 병자호란에서 연상되는 단어를 찾습니다. (병자호란-> 병자(病者))

② 연상된 '병자'라는 단어를 ㄱㅂㄷㅂ(1636)의 단어에 연결합니다.

③ 예를 들어 ㄱㅂㄷㅂ 에 해당하는 단어를 '극복 담배'라고 떠올렸다면, "병자는 극복담배해야 한다."라고 외울 수 있습니다.

다음은 우리나라 역사에서 가장 중요한 10개의 연대를 제 나름대로 만들어본 암기 방법입니다.

> 1. 고조선(2333): 처음으로 내딛 단단(2333)한 단군왕검의 첫걸음.
> 2. 신라 건국(BC 57): 신랑(신라 건국)과 맞선(57)
> 3. 고구려 건국(BC 37) : 고구마(고구려 건국) 동산(37)
> 4. 백제 건국(BC 18): 백점(백제 건국) 기원(18)
> 5. 삼국 통일(676): 부산발(676) 삼국 통일 기차
> 6. 고려 건국(918): 저 고운(918) 고려 아가씨
> 7. 조선 건국(1392): 구두잡는(1392) 조선 신사
> 8. 임진왜란(1592): 임진왜란 때 그만 잤네(1592)
> 9. 대한제국(1897): 대한제국 겨울 장사(1897)
> 10. 대한민국(1919): 임시정부는 독립을 강조강조(1919)

아이들에게 직접 만들어보게 하고, 더 나아가 곡을 붙여 노래를 만들게 하면 더욱 재미있게 기억을 돕습니다. 실제로 5,6,7번은 저와 예은이가 함께 만든 예시문이랍니다. 조선시대 '임진왜란'을 예은이는 '고무장난' 치는 이순신장군으로 기억하고 있는데, 이렇게 황당한 상상을 하는 것만으로도 기억에는 강한 인상을 남깁니다.

설민석 대표 역시 재미있게 역사 공부하는 방법이란 주제로 강의를 할 때 첫 번째로 '나만의 암기법을 만들어라'라고 주장했습니다. 스토리텔링 방식으로 내용을 이해한 뒤 단어의 앞글자, 숫자 등을 활용하여 암기 키워드를 만드는데, 예컨대 임진왜란이 발발한 1592년일 경우 "이러고 있네, 이러구있, 일오구이…" 처럼 외우면 쉽다고 했습니다.

3. 천간의 원리 이해하기

'천간(天干)'은 갑을병정무기경신임계(甲乙丙丁戊己庚辛壬癸)로 모두 10간(十干)이며 10년을 주기로 변하게 됩니다. 이런 원리를 알게 되면 우리가 학교에서 역사 공부를 하거나 과거의 중요한 사건을 기억하는데 쉽게 암기할 수 있는 장점이 있습니다. 갑을병정무기경신임계는 10진법이라 끝자리 연도수가 항상 고정되어있기 때문입니다. 예를 들어 '갑'이 들어간 해는 연도의 마지막이 늘 '4'라는 걸 아십니까? '을미사변', '을사늑약' 등 '을'이 들어가는 해는 연도의 마지막이 늘 '5'가 되는 원리가 '천간'에 있습니다.

갑(4) - 갑자사화 1504, 갑신정변 1884, 갑오개혁 1894

을(5) - 을미사변 1895, 을사늑약 1905

병(6) - 병자호란 1636, 병신년 2016

정(7) - 정유재란 1597

무(8) - 무오사화 1498

기(9) - 기미년 3월 1일 1919

신(1) - 신미양요 1871

임(2) - 임진왜란 1592 임오군란 1882

계(3) - 계유정란 1453

20 아이들이 친구를 가르치는 사회 수업

"내가 뭐랬니? 문제가 길다고 주눅 들지 말랬지? 이 문제 또한 다를 바 없어. 말만 길지 사실은 문제 속에 주어진 변수만 대입하면 끝나는 문제야. 이런 문제는 해마다 출제되는 전형적인 수능 기출문제다. 로그라는 도구가 사용됐지만 단순 대입 문제니깐 떨 필요 없어. 틀리고 또 틀리는 문제, 아리송한 문제는 친구놈에게 직접 가르쳐봐. 문제를 설명하다 보면 내가 뭘 모르는지를 깨닫게 된다. 그러면 그런 문제는 절대로 안 잊어버려."

이제는 종영된 KBS 인기 TV드라마 '공부의 신'에서 차기봉 선생님이 수능 수리 영역 기출문제를 분석하면서 학생들에게 한 말입니다.

우리의 기억은 크게 의미 기억(사실 기억)과 일화 기억(에피소드 기억)으로 분류됩니다. '의미 기억'은 책상에 앉아 학습을 통해 기억되는 것들을 통칭하며, '일화 기억'은 경험과 체험 등을 통해 기억되는 것을 말합니다. 의미 기억은 한

두 번의 반복으로는 쉽게 기억되지 않기 때문에 장기기억으로 전환될 때까지 지속적인 반복이 필요한데 여러 번 반복 해야만 된다는 것이 우리가 공부를 하는데 있어 가장 힘든 부분 중에 하나입니다.

이에 비해 소풍이나 여행, 데이트 등의 경험과 체험을 통한 기억은 특별히 반복하지 않아도 오랫동안 기억이 유지되는데 이러한 일화 기억(에피소드 기억)의 특성을 공부에 적절히 활용한다면 학습 내용을 좀 더 쉽게 기억 할 수 있게 되고 반복하는 횟수를 줄임으로써 학습 효율을 높일 수 있습니다.

에피소드 기억을 공부에 활용하는 방법으로 가장 좋은 것이 '질문하기'와 '가르치기'입니다. 수업 중에 질문을 하게 되면 더욱 공부한 것이 강하게 기억에 남는 까닭은 무엇일까요? 바로 선생님과 학생 사이에 에피소드 기억이 형성되어 기억을 강화하기 때문입니다.

당신과 잘 아는 지인이 오늘부터 그동안 자신 없었던 영어회화를 공부하려고 합니다. 여러분이라면 어떻게 공부하라고 조언하시겠습니까? 어떻게 해야 정말 효과적으로 영어회화를 공부할 수 있을까요?

전문가들은 이때 두 가지 방법을 제시합니다. 매일 외국인을 만나 영어회화를 사용해야 하는 절박한 상황에 놓이거나 영어회화를 가르쳐야 하는 상황을 만드는 것입니다. 생각해보면 선생님들만큼 가르치는 내용에 대해 잘 아는 분들도 없습니다. 매일매일 가르치는 상황에 계속 처하기 때문입니다. 저는 이 '가르치기'의 효과를 제 유익한 습관으로 많이 활용하고 있습니다.

어떤 해에는 동아리 부서를 '메이킹북부'로 만들어서 제가 자신없던 메이킹북을 매 주마다 학생들에게 가르쳐야 하는 강제적인 상황을 만들었습니다. 일 년 동안, 매 주 한 번씩 다양한 메이킹북을 만들며 활동하다 보니, 메이킹북 만들기는 제게 언제든 아이들과 활동적인 수업을 하려고 마음먹었을 때 큰 도움을 주고 있습니다.

어느 해에는 일부러 '농구부'를 만들었습니다. 농구를 좋아하지만, 어떤 체계를 가지고 하나하나 지도하면 좋을지 일 년 동안을 고민할 수 있었습니다. 그 다음 해에는 보드게임부를 만들어서 교실 속에서 아이들과 함께 할 수 있는 보드게임, 그리고 아이들과 함께 만들어서 쉽게 활용할 수 있는 보드게임을 찾아 보았습니다. 마술부도 만들어 보았고, 만화 그리기부도 만들어 운영해봤습니다. 최근에는 제가 관심이 깊은 '놀이부'를 만들어 매 주마다 허락받고 각 반에 놀이를 좋아하는 아이들을 모아 재미있는 놀이를 진행하고 있습니다. 그 경험과 기록을 살려 '짬짬이 교실놀이'라는 책도 낼 수 있었습니다.

1. '가르치기'의 효과

'가르치기'의 효과를 절실하게 몸으로 터득하고 활용하고 있습니다. '가르치기'에는 그렇다면 어떠한 효과가 있을까요?

(1) 가르치는 사람과 배우는 사람 사이에 에피소드가 형성된다.

가르칠 때에 가르치는 사람과 내용을 듣는 사람 간에는 에피소드가 형성됩니다. 의미 기억이 에피소드 기억으로 변하게 되는 것입니다. 이런 '경험'이 추가되며 가르치는 내용까지 굳건하게 기억으로 정착됩니다.

(2) 학습한 내용을 복습하는 효과가 있다.

가르치는 활동은 배우는 사람의 공부에 도움이 되는 것은 물론 가르치는 사람에게도 자신이 학습한 내용을 복습하는 효과까지 있어 질문하는 방법보다 효과가 더욱 좋습니다.

따라서 학습한 내용을 가족, 친구, 동료들에게 적극적으로 가르치기를 하는 것이 효율적인 학습을 할 수 있는 지름길입니다.

(3) 가르치면서 학습할 내용이 구조화되어 더 기억에 남는다.

학생들 간에 가르치게 되는 역할을 맡은 우수한 학생은 공부가 부족한 학생들을 가르치는 동안에 손해를 보는 것일까요? 전문가들은 도리어 우수한 학생은 자신의 학습 결손을 발견하여 교정할 기회를 가지게 되고, 열등한 학생은 촉진학습의 기회를 제공받게 되어 학습능률이 향상된다고 연구한 결과를 발표하고 있습니다. 배우는 학생보다 가르치는 학생의 입장에서 '학습한 내용'은 더욱 완전하게 조직화되고 구조화되어 기억에 남게 됩니다. 남을 가르치려면 어렴풋이 알면 안 됩니다. 가르치려는 입장에서는 어떻게 하면 더 쉽게 가르칠 수 있을까 주체적으로 고민하게 되고, 이러한 과정을 통해 구조화된 학습 내용은 확실히 자기 것이 되는 선순환을 거치게 됩니다.

'가르치기'를 적용할 때에 학습의 초기에는 교사가 과제 해결 활동의 주도적인 역할을 하지만 점차 그 주도권이 학생에게로 이양됩니다. 책임이 교사와 학생의 공동 책임에서 점진적으로 학생에게 이양되는 과정을 강조하는 것은, 의미의 구성은 동료나 자기보다 우수한 사람들과의 상호 작용을 통해 형성될 수 있다는 사회 구성주의자들의 관점에 입각한 것입니다. **학생들은 소극적 관찰자에서 독자적으로 대화를 이끌어 가는 적극적인 자세를 가질 수 있습니다.** 점차 학생이 교사의 역할을 맡아 질문을 해야 하기 때문에 스스로 질문하는 능력을 갖기 위해 노력하게 되며, 그 과정에서 혼자서도 이러한 과정을 수행하게 됩니다.

학생과 교사가 서로 역할을 바꾸어 가며 수업을 진행할 수 있습니다. 교사는 학생의 입장이 되어 학생들이 알아야 할 것을 질문의 형태로 바꾸어 교사의 역할을 맡은 학생에게 설명을 요구하기도 하고, 그와는 반대로 교사의 역할을 맡은 학생의 질문에 대답을 하기도 합니다. 이 과정에서 학생은 중요한 내용이 무엇인지 스스로 생각할 수 있는 능력을 기르게 되고, 글의 내용을 자신의 것으로 받아들이게 되는 것입니다.

2. 교실에서의 '가르치기' 활용의 실제

우유를 받아먹는 사람보다 배달하는 사람이 더 건강하듯이 수업을 듣는 학생보다 가르치는 교사가 더 공부가 많이 됩니다. 적극적으로 행동하면서 몸과 머리를 움직이기 때문입니다. EBS '공부의 왕도' 방송을 보다보면, 공부를 잘하는 많은 학생들이 수업이 끝나고 친구를 가르치거나 인형을 가르치거나 부모님을 불러 가르치는 장면을 보게 됩니다. 협동학습으로 유명한 서울 영훈초등학교의 김대권 선생님은 교과 수업을 마칠 즈음에는 1~2분간 '인형에게 설명하기' 시간을 가진다고 하셨습니다. '친구에게 설명하기'를 부담 없이 인형에게 연습하고, 그런 다음 과정으로는 조금씩 짝꿍에게 할 수 있도록 단계를 밟는다고 하셨습니다. 시작하기 전에 인형에게 이름도 지어 불러주고, 수시로 교실에서도 인형에게 가르치도록 하니 아이들도 무척 좋아한다고 하셨습니다.

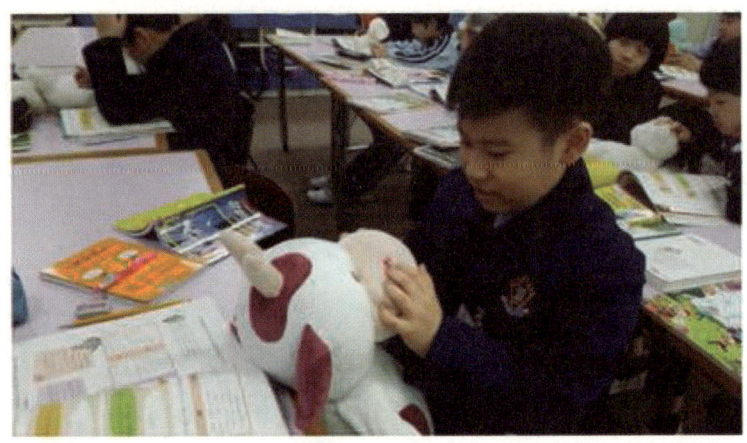

강정렬 선생님은 인형 대신 예쁜 돌을 주워 깨끗이 씻은 후에 '돌멩이 친구 돌이 가르치기'로 변형해 지도하고 계신다고 하십니다. 돌이의 장점은 주머니에 쏘옥 어디서든 꺼내서 말할 수 있다는 것이죠. 가정에 돌아가면 '친구 가르치기'를 할 수 없기 때문에 교실에서부터 거울이나 인형을 보고 공부한 내용을 요약해 가

르치도록 하는 과정은 정말 의미있습니다. 사춘기에 접어든 고학년 여학생들은 본인이 좋아하는 아이돌 가수, 예를 들면 방탄소년단 아이돌 가수 중에 좋아하는 가수 사진을 가져오게 해 수업의 정리 시간, 오빠에게 공부한 내용을 설명하도록 하면 엄청 신나서 가르치는 모습을 볼 수 있습니다.

가르칠 때는 '할머니에게 가르치듯'이라고 조건을 달게 합니다. 할머니에게 가르치려면, 더욱 쉽고 쉽게 공부한 내용을 정리해야 합니다. 처음에는 선생님이 할머니가 되어 역할극으로 반 아이들 중에 한 명 불러내어 공부한 내용을 가르치도록 하고, "뭐라고?", "그게 뭔소리여?"라고 실감나게 다시 묻고 다시 묻는 모습을 보여주는 것이 좋습니다. 아이들은 쉽게 가르치려고 노력하면서 '자기만의 언어'로 설명할 수 있게 됩니다.

가르치기의 효과를 높이려면 학생들이 교실 앞으로 나가서 칠판에 가르칠 내용을 적으면서 친구들에게 설명을 할 기회를 주면 더욱 좋습니다.

3. 교생 실습처럼 친구들을 가르치는 우리 반 사회 수업

2000년 서울대학교를 수석으로 졸업한 김동완씨는 '다니엘 학습법'에서 그 특별한 공부 비결로 빈 강의실에 들어가 마치 교수님이 된 것처럼 칠판에 적으며 가르쳤다고 했습니다. 선생님 교실에서는 학생들이 칠판 앞으로 나가 친구들을 가르치는 경험, 공부 잘하는 학생들과 부족한 학생들을 짝지어 가르치는 수업 장면이 많이 있습니까?

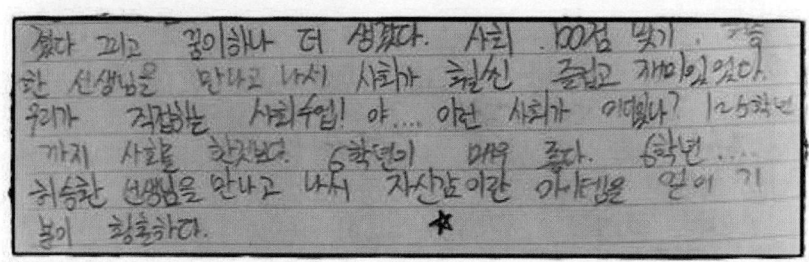

2년 전 제자인 서현이가 쓴 일기입니다. '아…….이런 사회가 어디 있나? 1~5학년까지 사회를 한 것보다 6학년이 매우 좋다. 6학년…….허승환 선생님을 만나고 나서 자신감이란 아이템을 얻어 기분이 황홀하다'

우리 반 아이들은 사회 수업을 참 좋아합니다. 초등학교 선생님들이 가장 가르치기 어려워하는 과목 중 하나가 '사회'라는 것, 가르쳐 보셨다면 공감하실 것입니다. 그런데 우리 반 아이의 이런 반응은 '제가 사회 수업을 재미있게 잘 진행하기 때문'이 아니라는 사실에 주목하셔야 합니다. 아이가 쓴 글에서 느끼셨겠지만, '우리가 직접 하는 사회 수업', 이것이 포인트입니다. 모둠별로 직접 사회 수업을 친구들 앞에서 진행하는 과정을 통해 학생들은 배움의 즐거움을 차츰 알아가게 됩니다. 물론 그 진행 과정은 전날 미리 발표할 모둠 아이들과 교사가 함께 수업을 준비해야 하는 번거로움이 따르지만, 그 이상의 즐거운 수업을 진행할 수 있었습니다. 저희 반 사회 수업의 진행은 다음과 같습니다.

(1) 교과서를 덮고 발표 모둠 진행으로 지배아모 퀴즈(5분)

교과서를 덮고 각 모둠의 1번이 일어나면, 지난 시간에 공부한 내용 중 가장 중요한 내용을 퀴즈로 제시합니다. 교사의 "하나둘셋" 신호와 함께 정답을 외치고, 맞으면 자리에 앉습니다. 틀리면 각 모둠의 2번이 일어났을 때, 2번과 함께 2번 문제를 풀게 됩니다. 이렇게 모둠의 4번까지 진행하는데, 4번도 틀리면 이미 냈던 문제를 다시 내면 됩니다.

(2) 발표 모둠의 진행으로 사회 교과서와 사회과 탐구 읽기(3분)

쉬는 시간, 미리 칠판에 오늘 공부할 단원명과 학습문제, 교과서 범위를 적어 둡니다. 교과서를 읽을 때에는 중요한 단어에 연필로 밑줄을 치며 읽습니다.

(3) 발표 모둠이 오늘 공부할 범위의 핵심 내용 정리하기(5분)

발표할 모둠은 발표 전날, 교실에 남아서 선생님과 함께 발표할 내용에서 핵심 부분을 PPT로 제시합니다. 이때 교과서 내용 그대로 중요한 부분을 6문제 정도 냅니다. 이때 빈칸을 두고 퀴즈 형태로 제시하여 학생들이 생각하며 교과서를 읽었는지 확인합니다.

(4) 질문 및 토의 시간(15분)

2분 정도의 모둠 토의 시간을 주고, 모둠별로 오늘 학습한 범위 안에서 질문할 내용을 생각수첩에 적습니다. 모둠 토의 후 각 모둠의 1번이, 그다음 시간에는 각 모둠의 2번이……. 질문하도록 미리 약속합니다. 사회 수업 시간마다 가장 중요한 시간은 '질문 및 토의' 시간임을 강조해야 합니다.

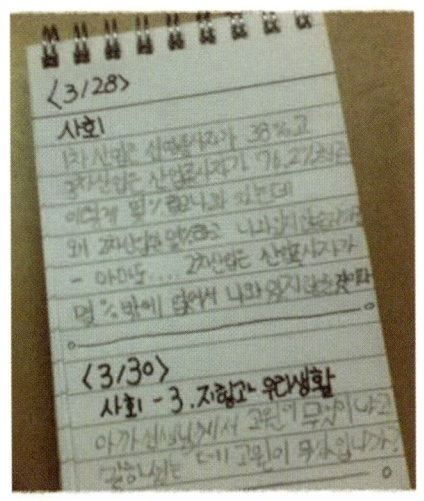

저는 발표 전날, 발표할 모둠과 남아 PPT를 함께 만들고 이때 아이들의 능력에 맞추어서 발표할 범위를 나눕니다. 공부를 잘하는 학생은 조금 수준 높은 내용을 조사하고, 공부를 어려워하는 학생은 조금은 쉬운 내용을 인터넷으로 조사하도록 합니다.

(5) 5분 퀴즈로 정리하기(5분)

질문 및 토의 시간을 마치면, 발표 모둠이 준비한 퀴즈를 PPT로 제시합니다. 이때 지엽적인 내용이 아니라 '학습문제'와 관련있는 가장 중요한 내용들을 문제로 제시하도록 합니다. 이때에는 모둠별로 골든벨 판을 나누어 주고, 모둠 토의 후에 답을 적도록 했습니다. 예를 들어 "임오군란은 구식 군인들이 일으켰는데, 그 원인은 무엇 때문입니까?"

(6) 교사의 보충 지도 조언하기(3분)

수업을 하며 다루어지지 않은 중요한 내용이나 부족한 부분이 있으면, 지도 조언합니다.

(7) 발표모둠 평가하기(4분)

오늘 발표한 모둠의 수업을 보며 느꼈던 좋은 점, 부족한 점을 솔직하게 평가해줍니다. 질문 및 토의 시간과 함께 가장 중요하다고 생각하는 시간, 오늘 수업을 한 아이들에 대한 친구들의 평가와 수업한 아이들의 자평이 이어지는 시간입니다. 이 시간을 통해 준비하면서 어떤 점이 어려웠는지 이야기하고, 아이들의 격려와 부탁도 곁들여지며 더욱 성장하는 발표 수업이 가능해집니다.

> "제가 가장 지루하다고 느꼈던 사회 시간을 가장 재미있는 사회 수업으로 만들어 주셔서 감사합니다. 정말 감사합니다." (이현지)
>
> "허승환 선생님!!
> 정말 감사합니다. 제가 5학년 때까지만 해도 제일 싫어하는 과목 1위가 사회였는데 선생님과 함께 수업하면서 사회가 제일 좋아하는 과목 1위가 되었어요." (고운비)
>
> 작년 말, 헤어지며 아이들이 내게 전해준 편지 내용들이다. 학기 초 조사 결과, 아이들이 가장 싫어하는 과목은 1위가 사회, 2위가 수학이다. 어떻게 하면 사회 과목을 좋아하게 할 수 있을까 라는 고민으로 결국 내가 수업하기보다 아이들이 스스로 파워포인트를 제작해 진행하는 방법을 훈련시켰다. 두 주 동안 내가 어떻게 수업하는 지를 시범으로 보여주었고, 드디어 오늘, 1모둠의 사회 발표 시작!

부지런한 세현이와 태은이는 일찌감치 파워포인트 파일을 제작해서 준비해두었다. 태은이는 새벽 3시까지 준비했다고 그 열성을 보였다. 드디어 교과서를 읽고 [핵심정리]시작~ 파워포인트 파일을 잘 제작했는데, 읽기도 전에 앞에 앉아있는 아이들이 먼저 텔레비전의 문제를 보고 답을 맞히는 상황이 발생했다. 발표 모둠 아이들에게 어떻게 해야 하면 좋을지 물어보니, 스스로 답을 찾아 먼저 출력한 PPT 유인물의 문제를 읽고, 그 다음에 파워포인트의 슬라이드를 제시하여 문제를 제시하는 방법으로 수정했다.

드디어 아이들 사회 발표의 꽃인 '질문 및 토의 시간', 발표하는 1모둠 아이들을 보니 친구들이 물어볼 거라 예상되는 질문을 뽑아 답변을 준비해두었다.

"날씨를 알아보는 방법은 교과서 12쪽의 인터넷, 131전화, 신문, 텔레비전 외에 또 있습니까?"

"교과서에 나온 날씨와 관련된 속담 외에 또 어떤 속담이 있는지 발표해 주세요."

제법 생각하고 조사해야 할 질문들이 쏟아졌고, 의외로 의연하게 훈노가 답변했다. 훈노의 답변 태도가 좋았던 것은 이미 충분히 발표할 내용에 대한 학습 준비와 답변에 대한 예상을 하고 기다린다는 것이 느껴진 점이다. 자료를 찾느라 부산떨지 않고, 척척 답변하는 데 느리지만 정확한 답이었다.

드디어 5분 퀴즈 시간!

오늘 공부한 내용 중에서 가장 중요한 다섯 가지 문제를 내는 시간이다. 그런데, 석규와 승호, 예빈이 등 몇 아이들이 문제를 다 맞혔다. 특히 석규의 답변을 예상하고 기다리는 능력엔 탄복했다. 마지막 친구들의 평가 시간, 많은 아이들이 첫 발표인데도 너무나 능숙하게 수업을 진행한 1모둠 아이들을

> 칭찬했다. 이렇게만 발표해준다면, 올 한 해도 더 많은 아이들이 사회 시간을 좋아하게 될 거라 믿는다.
> "오늘 정말 수고 많았다. 예쁜 1모둠, 태은이, 소하, 훈노, 태욱아^^"
>
> 【2009년 3월 교단일기】 中에서

4. 주민혜 선생님의 사회 수업

서울에 근무하시는 주민혜 선생님은 2012년, 허쌤의 공책레시피 연수를 듣고 배운 방법으로 사회 수업을 4년째(6학년 3번, 3학년 1번) 해오고 있습니다. 자신의 방법으로 녹여 활용하시는 모습이 인상깊어 선생님의 허락을 받고 소개해드립니다. 선생님께 감사드리며 이하 선생님의 글로 소개해 드립니다.

📓 제가 생각하는 이 수업의 장점은

① 학생이 질문하고 학생이 답변하는 이상적인 수업 형태라는 것

② 학습 내용을 단계마다 반복하기 때문에 학생들이 수업 내용을 잘 기억한다는 것(사회 시험 성적이 참 좋습니다.)

③ 학생 발표 수업이라 학생들이 수업에 흥미를 갖는다는 것

④ 사회 수업을 좋아하는(적어도 싫어하지는 않는) 학생들이 늘어난다는 것

⑤ 학생들과 선생님이 이 방식에 익숙해지고 나면 선생님이 사회 수업을 준비하는데 부담이 줄어든다는 것입니다.

📔 단점은

① 사전 작업이 많다는 것

② '질문 및 답변' 단계부터 수업이 좀 어수선해 보일 수 있다는 것(그러나 아이들은 잘 참여하고 있습니다.)

③ 학생들이 좋은 질문을 할 때까지 끈기있게 가르치고 격려해야 한다는 것

④ 좋은 질문이 안 나오면 수업이 참 지루할 수도 있다는 것입니다.

저는 허쌤의 수업 단계에서 2단계를 추가했어요.

 단어 나누기

예습으로 찾아온 단어의 뜻을 모둠원들이 돌아가면서 이야기합니다.

 스피드퀴즈 단어 뽑기

매 단원이 끝날 때마다 스피드 퀴즈를 하는데 그 때 넣을 단어를 학생들이 직접 손들고 발표합니다. 발표 팀의 기록이가 칠판 한 쪽에 이 단어들을 적어놓습니다. (수업을 안 듣는 것 같은 학생들도 이 때 손들고 발표하고 싶어 하더라고요.)

선생님과 발표 팀은 수업 전에 준비할 것이 있습니다.

① 선생님 : 한 단원 수업 계획표를 만들고 학생들에게 배부

② 발표 팀 : 선생님과 준비하는 시간 전에 교과서 읽고 초록색으로 자신이 생각하는 중요한 내용에 밑줄 치기

③ 선생님 : 중요한 내용은 파란색으로 핵심어는 빨간색으로 표시한 뒤 발표 팀에게 미리 알려 줌. PPT 제작)
(허쌤은 2,3번을 학생들과 함께 한다고 하셨는데 저는 시간 맞추기도 어렵고 번거롭기도 해서 제가 정해주고 PPT도 제가 만듭니다.
그런데 학생들과 중요한 내용, 핵심어를 함께 찾아보는 것이 더 의미 있겠다는 생각은 계속 드네요.)

④ 발표 팀 역할 나누기 : 사회자, PPT 넘길 학생, 기록이(단원명, 학습 문제, 답변 못한 질문 기록), 퀴즈 진행자
(퀴즈 진행자는 학생이 남아서 제가 억지로 만들었어요.)

⑤ 발표 팀 : 교과서를 팀원 수만큼 나누고 한 부분씩 맡는다. 자신이 맡은 부분에 대한 예상 질문과 답을 찾아 공책에 기록하거나 필요한 단어 찾기
(예상 질문과 답을 찾는 것이 제일 중요하다고 꼭 강조합니다.)

⑥ 선생님 : 발표 팀의 예상 질문이나 자료를 사전에 점검
6번이 좀 귀찮을 때가 있지만 초기에 몇 번 꼼꼼하게 점검해 주시면 수업의

질이 향상됩니다.

📝 발표 팀이 아닌 학생들이 할 일은 다음과 같습니다.

① 수업 전 예습 : 모르는 단어 2개씩 뜻을 찾아 책에 적기, 책을 읽고 중요하다고 생각하는 내용에 초록색 밑줄 치기. 예상 질문 생각해오기

② 수업 중 : 수업이 시작되면 공책에 날짜, 단원명, 학습 문제 기록하기. 골든벨판과 보드마카, 지우개 미리 서랍에 준비해 놓기

③ 수업 후 : 숙제로 공책 정리하기 (공책 정리는 코넬식 노트법으로 합니다.)

④ 다음 날 : 선생님께 복습도장 받기

큰 단원에서 소단원 2개가 끝나면 릴레이 퀴즈로 정리, 큰 단원이 끝나면 스피드 퀴즈로 마무리를 합니다. 2개의 퀴즈 모두 학생들이 무척 좋아하고, 보상도

크게 해줍니다. (한 시간 놀이시간 갖기) 어쩌면 사회 시간을 좋아하게 된 이유가 이것인지도 모르겠네요.

 릴레이 퀴즈

학생들 수만큼의 문제 카드를 나눠줍니다. 이때 문제 카드의 답과 문제가 일치하지 않습니다. 그래서 1번 문제 카드를 가진 학생은 번호와 문제를 읽고, 1번 문제의 답을 가진 학생이 일어나서 정답, 번호, 문제 순으로 읽습니다. 이렇게 학급 전체가 릴레이로 문제를 풉니다. 시간을 정해 놓고 시간 안에 문제를 모두 읽으면 보상을 합니다. 저는 보통 3분 30초~4분 사이로 정해주고 스톱워치를 텔레비전으로 보여주며 합니다.

이때 주의사항은 무척 조용히 해야 한다는 것, 답을 큰 소리로 가르쳐주지 않는다는 것, 문제를 분명하게 읽어야 한다는 것 (시간에 쫓겨 막~~읽는 학생들이 생깁니다.) 절대 친구를 비난하지 않는다는 것, 번호를 꼭 읽으라는 것입니다. 번호를 읽지 않으면 선생님이 정답 확인할 때 헷갈릴 수 있습니다. 한 번 연습하고 나면 아이들이 잘하고 익숙해지면 문제 카드 받자마자 책을 뒤적거리며 답을 찾습니다. 그리고 혹시 언어 능력이 떨어지는 학생이 있으면 추가로 1분 정도를 더 주어 그 친구에게 원망이 가지 않도록 합니다. 1분을 추가하는 이유도 설명하고요.

몇 가지 주의사항만 말씀드려요.

① 수업 전에 발표 팀은 의자를 모두 앞으로 가져와 가지런히 정리해 놓고, 단원명, 학습 문제도 쓰고, PPT도 미리 켜놔야 합니다.
PPT넘기는 법도 처음에는 자세히 알려줘야 하더라고요.

② 단어 나누기 또는 질문 및 활동 시간부터는 모둠 자리로 의자를 바꿔야 합

니다. 귀찮아서 의자만 돌리고 앉는 학생들이 있는데, 집중도에 차이가 커서 저는 꼭 책상까지 돌려 앉으라고 합니다.

③ 사회자에게는 대본을 미리 주고 연습을 시킵니다.

④ 처음에는 학생들이 질문을 어떻게 해야 할지 몰라 하더라고요. 그래서 형편없는 질문에 대한 격려를 지속적으로 해야 합니다. 그리고 엉뚱하다고 생각하는 질문이 의미있는 질문이었던 경우도 상당히 많았습니다. 질문만 따로 연습했던 시간도 가졌던 것 같아요.

⑤ 초록색, 파란색, 빨간색을 사용하는 이유는 허쌤의 공책레시피 연수에 잘 나와 있습니다.

⑥ 6학년 사회 1학기는 역사 수업인데, 사실 역사 수업에는 저도 올해 처음 시도해봤습니다. 역사 수업이 양도 많고 내용이 쉽지 않아서 학생들이 발표하기에 어려움이 조금 있었어요. 제가 추가 설명도 좀 했고요, 근현대사 부분에서는 사진자료를 많이 활용했습니다. 수업 도입할 때 의미있는 사진을 보여주며 질문을 던지니 학생들의 흥미가 높아지더라고요. 예를 들어 4.19혁명 수업에서 어린 학생들이 길거리에서 시위하는 사진을 보여주며 "도대체 이 학생들에게 무슨 일이 있었던 걸까?" 질문을 하고 수업 제일 마지막에 답을 해줬던 기억이 납니다. 또 역사는 동영상 자료가 많은데 수업 때는 시간이 부족해서 점심시간에 보여주기도 했고요.

⑦ 1년 내내 이 방식으로 하다 보니 중간에 변화를 주면 좋겠다 싶어 2학기 1단원 민주정치는 선생님이 주도하는 수업을 했습니다.
한 학기에 1~2개 단원에 적용하시면 좋을 것 같아요.

⑧ 2학기 4단원은 학생들이 직접 핵심 내용과 핵심어를 정하고 PPT도 컴퓨터 시간을 이용해 직접 만들게 하고 수업했습니다. 그 동안 배운 노하우를 활용하는 시간이었는데 학생들이 참 열심히 준비하더라고요. 중요한 내용을 선생님이 정해주지 않고, 학생들이 정하는 시간을 좀 더 일찍 마련해주는 것이 더 의미 있겠다는 생각이 들었습니다.

⑨ 한 단원에 한 번 정도는 선생님이 발표 수업을 합니다. 예상 질문과 답을 찾는 준비를 엄청 열심히 해서 학생들에게 좋은 본보기를 보여주면 학생들의 학습 의욕이 활활 불타기도 하더라고요~ 쓰다 보니 설명이 엄청 기네요. 개인적으로 이 수업으로 동료 장학도 했었는데 참 만족스러웠습니다. 제 수업을 보고 이 방식을 활용하고 만족하셨던 선생님들도 계셨고요. 부디 이 긴 글을 읽는 선생님께 도움이 되길 바랍니다.

21 마피아 게임으로 토론의 재미 느끼기

아이들이 토론과 발표를 놀이하듯 연습하게 하고 싶다면, 어떤 놀이보다 마피아 게임을 권해 드립니다. '두근두근 놀이수업', '두근두근 운동장놀이', '토닥토닥 심성놀이' 등……. 주로 놀이에만 관심을 가지고 살아오며 다양한 놀이를 했지만, 저희 반 아이들이 교실에서 가장 하고 싶어 하는 놀이는 무엇일까요? 실제로 설문 조사를 해본 결과, '마피아 게임'이었습니다. 몇 명의 아이들과 하던 마피아 게임, 30명 한 반 모두와 함께 할 수도 있습니다. 게다가 마피아 시즌2부터 타불라의 늑대 버전까지!! 토론의 재미! 마피아 게임으로 느껴볼까요?

1. 교실에서 '토론'으로 참여하기

(1) '토론'이 필요한 이유

민주 사회에서의 모든 의사 결정은 협의와 토론, 논쟁의 과정을 거쳐 이루어집니다. 따라서 민주 사회의 모든 구성원들은 의사를 정확하고 조리있게 표현하는 능력이 필요합니다. 토론은 폭넓은 지식과 타당한 논리, 정확한 언어에 의해서 이루어지므로 작은 사회인 교실 속에서의 토론은 그 자체가 논리적 사고의 훈련이며 언어 구사력을 높이는 방법이기도 합니다.

훌륭한 토론자는 말의 기교만 가진 달변가는 아닙니다. 자신의 주장을 확실한 증거에 기초하여 이치에 맞게 주장하되, 타인의 비판도 열린 마음으로 받아들일 수 있어야 합니다. 우리가 길러내야 할 미래 사회의 주인공은 바로 이런 민주 시민의 기본적인 자질을 가진 학생들입니다.

　　교사의 일방적인 수업보다는 학습자가 능동적으로 참여하는 방법이 가장 학습 효과가 큽니다. 학습 과정 중 아이의 능동적인 체험과 참여가 있었는지가 관건입니다. 미국의 행동과학 연구기관 NTL의 학습 효율성 피라미드에서 토론$^{Discussion\ Group}$의 효과는 24시간 후, 기억률 50%에 달합니다. 교사의 일방적인 강의(5%)보다 무려 10배의 효과가 있습니다.

(2) 교실에서 토론이 쉽지 않은 이유

　　'토론'이 중요하다는 것을 모르는 교사는 없습니다. 그런데 왜 교실에서 '토론'하는 것이 쉽지 않을까요? 교실에서 토론을 자주 하지 않는다면, 왜 하지 않으시나요? '토론수업 레시피' (교육과학사) 책의 저자들은 여러 선생님들의 의견을 설문조사한 결과, 다음과 같은 다섯 가지 이유를 제시합니다.

① 진도를 나가야 하는데 시간이 부족해서
② 정답이 있다고 생각하기 때문에
③ 아이들의 생각을 존중하지 않아서
④ 교사가 준비되어 있지 않아서
⑤ 아이들에게 토론을 위한 기초적인 사고력이 부족해서

　결국 '진도 나가기'보다 '토론을 통한 수업'이 중요하다는 생각을 먼저 가지고 수업을 해야 하고, 정답보다 더 많은 '해답'이 있음을 인정할 수 있는 열린 사고가 필요합니다. 아울러 그 과정 중에 아이들의 토론이 비록 어설프고 마음에 차지 않더라도 이런 과정을 소중히 하는 마음으로 존중해야겠습니다.

2. '마피아 게임'을 통해 아이들의 논리적인 추리력 기르기

특히 아이들의 토론에 대한 기초 체력을 키워줄 필요가 있습니다. 즉 사고 기술과 성향의 기본 체력을 훈련시켜야 합니다. '진정한 토론'은 통합적으로 체계적인 토론 교육을 통해 길러지겠지만, 아이들이 간단히 발표하며 서로 의견을 내고 설득하는 과정이 필요합니다. 그리고 이왕이면 아이들이 좋아하는 놀이로 서로 의견을 내고 설득하게 한다면 얼마나 재미있을까요?

(1) 마피아 게임의 개요

'마피아 게임'은 반 아이들이 마피아와 착한 시민군으로 나뉘어 논리를 펴며 누구인지 모르는 마피아를 찾아내는 심리 추리게임입니다. 모스크바 대학의 심리학 교수 드미트리 다비도프Dmitry Davidoff가 1986년에 발명했습니다. 1986년에 창안된 이후 소련 및 당시 공산권 내 교육계에 빠르게 퍼져, 1990년대에는 서방세계로 진입했고, 한국에도 1990년대에 들어왔습니다. 원래 '마피아' 는 시칠리아 농민이 미국에 건너가 갱으로서 시카고의 암흑가를 지배하고 점점 미국 전역으로 조직을 확대해간 것입니다. 여기에서 이름을 따 특히 대학생들의 MT 등에 많이 활용되었던 놀이입니다. 40분 수업 시간을 다 활용해야 제대로 할 수 있습니다.

　마피아 게임을 통해 아이들은 천연덕스럽게 마피아가 아닌 듯 연기하거나 진짜 마피아를 찾아내기 위해 모든 오감을 총동원해 다른 아이들의 태도, 표정, 언어 등을 종합해 추리하게 됩니다. 마피아 게임의 또 다른 매력은 다른 놀이와 달리 특별한 상품이 없는데도 아이들을 몰입하게 만든다는 사실입니다. 상품이나 상점을 받기 위해 하는 놀이의 경우에는 자기 편 아이가 실수나 잘못을 했을 경우, 그 아이에 대한 불평, 원망 등으로 재미있게 해야 할 놀이가 경쟁심만 유발하기도 합니다.

　하지만 마피아 게임은 게임 그 자체로 재미있게 진행할 수 있으며, 선생님이 따로 진행하지 않아도 아이들 스스로 진행할 수 있다는 점이 장점입니다. 생각보다 마피아 잡기가 그리 쉽지 않고, 성격이 확 드러나게 되는 이 역할 놀이는 사람이 많아야 된다는 게 흠이지만 아주 흥미로운 토론 놀이입니다.

(2) '마피아 게임' 진행방법

① 먼저 마피아 대장을 한명 선발한다.
　처음 진행할 때는 선생님이 진행하는 모습을 보여주시면 좋습니다. 그런 후에는 대본대로 학생이 마피아 대장이 되어 진행하면 됩니다.

② 마피아 대장은 아이들이 두 눈을 손으로 막은 채 엎드려 있는 사이사이를 돌며 마피아 10명(30명 기준, 착한시민군 2: 마피아1의 비율)을 선발한다. 선발하는 방법은 돌아다니며 엎드린 아이 중에 마피아로 선택할 아이의 머리를 살짝 손끝으로 치면 됩니다. 이때 마피아 대장의 손에 머리가 닿은 아이들은 마피아가 됩니다. 머리에 닿지 않은 아이들은 자동으로 '착한 시민군'이 됩니다.

③ 마피아 대장이 "자, 이제 모두 일어나 주세요. 첫째 날 아침이 시작되었습니다."라고 말하면 모두 고개를 든다.

④ 마피아 대장은 "누가 마피아인지 추천해 주세요. 이때 왜 마피아라고 생각하는지 주장과 근거를 정확하게 대주길 바랍니다."라고 말한다.

이때 지명은 공정하게 선생님께서 처음 시작하는 것이 좋습니다. 어느 정도 훈련이 되었을 경우에는 일어난 학생이 "이 아이 주변에서 소리가 났어요.", "이 얘가 평소와 달리 웃는 모습이 자연스럽지 않아요." 등의 논리로 마피아라 생각되는 친구를 일으켜 세웁니다. 이때 5명만 일으켜 세웁니다. 미리 아이들과 약속을 정할 수 있다면, 남자는 여자, 여자는 남자를 다음에 릴레이 지명시키는 것이 좋습니다. 이때 마피아도 자신들이 아닌 양 시민군을 혼란스럽게 교란시켜야 합니다.

⑤ 일어선 아이들에게 '최후 변론' 시간을 준다.

일어선 아이들은 앉아있는 친구들에게 '자신이 왜 마피아가 아닌지' 설득하는 시간을 가집니다. 예를 들어 "저는 정말 억울합니다. 친구의 표정이 웃겨 웃은 것뿐인데 웃었다고 다 마피아입니까?" 등으로 설득하면 됩니다. 물론 '최후 변론'을 하겠다는 아이들만 하면 됩니다.

⑥ '최후 변론'을 듣고 난 후에는 마피아 대장의 "하나둘셋"과 동시에 일어난 다섯 명 중에서 마피아라고 생각되는 아이를 손으로 가리킨다.

이때 선생님이 일어선 마피아 후보들 한명 한명의 이름을 호명합니다. 만약 내가 가리킨 아이의 이름을 불렀을 때는 손을 위로 올리도록 약속합니다. 선생님은 각 아이당 몇 명이 손을 들었는지 확인하고 5명 이상이 손을 들었을 때는 앞으로 불러냅니다. 네 명 이하의 지명을 당한 아이는 다시 자리에 앉아서 게임을 계속합니다.

⑦ 마피아 대장은 앞에 나온 아이들을 한 명 한명 세우고 "당신은 마피아입니까?"라고 묻는다.

이때 교실 앞 포로수용소에 끌려나온 마피아 후보는 "예, 저는 마피아입니다." "아닙니다. 저는 착한시민군입니다." 등으로 자기의 정체를 밝힙니다. 그 결과에 따라 칠판에 남아있는 '마피아'와 '착한시민군' 수를 -1씩 고쳐 적습니다.

⑧ 마피아 대장은 칠판에 현재 앉아있는 아이들을 중심으로 착한 시민군과 마피아 수를 적는다.

예를 들어 방금 전에 불려나온 아이 중에 착한 시민군 4명, 마피아가 1명 있었다면 20:10로 시작한 수가 16:9로 조정됩니다. 이때 점수는 2대1의 비율이므로 착한 시민군이 원래 비율이었던 18:9(기본 1:2의 비율)보다 한명 적어서 현재까지는 마피아가 이기고 있음을 알 수 있습니다.

⑨ 마피아 대장은 다시 모든 아이들을 엎드리게 하고 "첫날밤이 찾아왔습니다. 첫날밤에는 마피아들이 서로 얼굴을 확인하는 시간이 있습니다."라고 말한다. 교실 앞에 잡혀온 착한시민군 아이 중 한 명에게 형광등 불을 켜고 끄도록 역할을 줍니다. "밤이니 불을 끄겠습니다."
마피아 대장이 "사랑스런 마피아들끼리 서로를 확인하는 시간입니다. 나의 사랑하는 마피아들은 고개를 들어 서로를 확인하세요."라고 말하면, 이때 소리나지 않게 마피아들은 고개를 살짝 들어 서로를 확인합니다. 서로 누가 마피아인지 확인했으면 다시 모두들 고개를 들게 한 후, ③번~⑨번을 반복합니다.

⑩ 둘째 날, 밤이 되면(형광등 불을 끈다) 교실 앞, 포로수용소에 잡혀서 나와 있는 마피아들이 함께 상의를 해서 마피아 편에 가장 방해가 되는 착한 시민군, 가장 논리를 잘 펴나가는 '착한 시민군' 한명을 체포해 데려오도록 시킵

니다.

즉 ③번~⑨번이 반복되고 다시 모두가 엎드리는 밤이 될 때마다 교실 앞 포로수용소에 '착한 시민군' 한명씩을 끌고 나올 수 있지요. 이것 때문에 마피아가 숫자가 적은 상태로도 시합이 가능한 것입니다.

⑪ 인원이 점점 적어지면 5명을 모두 지적하기란 쉽지 않습니다. 남은 인원이 20명이 되면 4명만 일으켜 세우고, 네 사람 이상이 가리키면 탈락합니다. 10명 이하로 남게 되면 3명만 지적하고 3명 이상의 화살표를 받으면 탈락하게 합니다. 이렇게 수업 끝나는 종이 울릴 때까지 진행하다가 점수로 승부를 가립니다.

3. 마피아 게임을 지도할 때 유의할 점

아이들이 가장 재미있어하는 추리 게임이지만, 바로 시작하면 몇 가지 시행착오를 거치게 됩니다.

(1) 마피아 대장이 마피아를 선발할 때는 등을 찌르지 않도록 유의한다.

등을 찌르거나 목 뒷덜미를 찌를 경우에는 자신도 모르는 사이에 신음이 새어 나와 쉽게 들키고 맙니다. 간단히 머리를 터치합니다.

(2) 마피아를 선발하는 과정 중에 착한시민군이 고개를 들어 보지 않도록 한다.

누가 마피아인지 궁금해서 몰래 고개를 들어보는 아이들이 간혹 생깁니다. 이런 문제가 생기지 않도록 반드시 두 손으로 얼굴을 가린 채 엎드리도록 약속합니다. 놀이를 통해 함께 정한 규칙의 준법성을 기를 수 있도록 해야 합니다.

(3) 마피아라고 의심을 받아 포로수용소인 교실 앞으로 나온 아이들에 대한 대책이 필요하다.

앞으로 나온 아이들이 무질서하지 않게 자리에 앉도록 미리 주의를 주고 진행합니다. 앞으로 나온 아이들 중 마피아 편은 계속해서 상대편 중 한명을 불러낼 수 있기에 열심히 참여하나 착한 시민군은 앞으로 나온 이후에는 따로 하는 일이 없어서 심심해 할 수 있습니다. 칠판에 착한 시민군과 마피아의 점수를 기록하는 등 역할을 주는 것이 좋습니다.

(4) 수업 끝나는 종이 나면, 그때까지의 상황으로 승부를 가린다.

시간이 충분하다면 마지막 한명까지 진행해야겠지만, 주어진 한 시간으로는 마지막 순간까지 가지 않습니다. 수업이 끝나는 종이 나면, 그때까지의 점수로 승부를 가립니다. 예를 들어 착한 시민군 9 : 마피아 4 라고 한다면, 착한 시민군의 승리입니다. 왜냐하면 2:1 의 비율로 진행해 왔기 때문에 4X2배인 8명보다 한명 더 많은 착한 시민군이 이겼음을 알 수 있습니다. 그리고 감쪽같이 친구들을 속이며 숨어있던 마피아들을 일어나게 하면, 아이들의 탄성이 쏟아지며 놀이를 마무리할 수 있습니다. 평소에 얌전해서 전혀 그럴 것 같지 않은 아이의 천연덕스러운 연기에 놀라는 일이 잦습니다.

(5) 언제 마피아가 많이 잡히는지 미리 안내를 한다.

교실에서 마피아 게임을 할 때, 마피아들이 가장 많이 잡히는 순간은 언제일까요? 바로 교사가 "마피아들은 서로 고개를 들어 누가 같은 편인지 얼굴을 확인하세요!"라고 말하는 순간입니다. 부스럭거리는 소리에 많은 마피아들이 노출되고 말아 재미가 반감됩니다. 어떻게 하면 좋을까요?

📔 마피아 아이들이 많이 잡히는 경우를 분석해보면

1위는 "마피아들은 고개를 들어 누가 같은 편인지 얼굴을 확인하세요."라고 말할 때입니다.
2위는 마피아들이 잡혔을 때 안타까워하던 아이들이 발각되었을 때입니다.
고개를 들어 얼굴을 확인할 때 들키지 않으려면, 아이들이 모두 두 손으로 작게 책상을 두드리게 해보세요. 일제히 지나치게 시끄럽지 않은 소리가 난다면, 마피아들이 움직이더라도 발각되지 않아 더욱 흥미진진한 놀이가 될 것입니다.

4. 이렇게 하면 더욱 재미있어요.

(1) 마피아 게임 시즌2

보통은 참가자들은 마피아와 착한시민군으로 나뉘는 경우가 일반적이지만, 임의로 '경찰'과 '의사' 또는 '군인'이라는 역할을 맡을 수도 있습니다. 경찰과 의사는 '밤'에 마피아와 다른 시간에 활동합니다. 마피아의 차례가 끝난 후에는 경찰의 차례가 되는데, 경찰은 한 사람을 지목하여 정체를 알 수 있습니다. 그 다음은 의사의 차례인데, 의사는 한 사람을 골라서(유령 제외) 살릴 수 있습니다. 마피아가 선택한 사람일 경우에는 그 아이는 죽지 않으며, 그 아이가 아닐 경우에는 효과가 없습니다. 의사는 자기 자신을 선택할 수도 있습니다. 의사의 차례가 끝나면 '낮'이 됩니다. 군인은 마피아의 공격으로부터 자신을 1번 보호할 수 있습니다. 투표로 인한 처형에는 효과가 없습니다.
또 흔히 추가하는 규칙 중에는 의사, 군인, 영매(죽은 사람의 직업을 알 수 있는 능력), 테러리스트(자신이 마피아에게 죽임을 당하면 그 사람을 죽인 마피아도 죽는다. 그리고 자신이 투표로 처형당한다면 1명을 골라 죽일 수가 있다.) 등이 있습니다. 또한 마피아와 접선하여 마피아의 승리를 돕는 스파이도 있을 수 있으며 스파이는 사람들의 직업을 알 수 있습니다. 그러면 상당히 시민에게 불리할 수 있으며, 스파이 조사를 군인이 받으면 군인에게 스파이 정체가 발각될 수 있습니다.

(2) '타불라의 늑대 보드게임'으로 마피아 게임하기

디브이 기오치에서 2001년에 출시한 보드게임. 유명한 오프라인 게임인 늑대인간류 게임에서 직업을 추가한 게임이며, 이 점은 이후 수많은 온라인 마피아 게임들의 원형이 되었습니다. '타불라'라는 마을을 위협하는 늑대인간과 이들을 잡기 위해서 주민들이 대립한다는 게 주된 내용입니다. 일반적으로 최소 8명, 최대 24명까지 할 수 있습니다.

일반적인 보드게임과 달리, 타불라의 늑대는 모든 정보를 총괄하고 중립적인 위치에서 게임을 진행할 사회자 1명이 꼭 필요합니다. 이 사회자의 능력에 따라 게임이 더 재밌어질 수도 있으므로, 규칙을 충분히 숙지하고 유연하게 게임을 이끌어 나갈 수 있는 아이가 사회자를 맡는 것이 좋습니다.

흔히 '마피아 게임'으로 알려진 게임의 파생작인 만큼 기본적인 골격은 같습니다. 기본적으로 주민과 늑대인간으로 편이 나뉘어 있고, 밤마다 늑대인간에 의해 주민들이 한 명씩 사망하며, 낮이 되면 주민들은 회의 끝에 한 명을 늑대인간으로 몰아 린치합니다. 이런 식으로 게임이 끝날 때까지 낮과 밤이 번갈아 진행됩니다. 마피아 문서를 보면 알겠지만 해당 게임의 규칙과 다른 점이 거의 없으며, 사회자 한 명이 반드시 필요하다는 것도 똑같습니다.

(3) 그림 마피아 게임

그림 마피아 게임은 일본의 유명한 보드 게임 '가짜 예술가 뉴욕에 가다'를 교실에서 할 수 있도록 응용해 만든 색다른 마피아 게임입니다. 그림으로 그리는 눈치 게임이라고 할 수 있습니다.

"가짜 예술가가 진짜 예술가들과 함께 뉴욕 비행기에 올라탔습니다. 진짜 예술가들은 가짜가 돌아다닌다는 정보를 얻었습니다. 하지만 서로 자기가 진짜라고 우기니 누가 진짜인지 알 수 없습니다. 예술가들은 함께 그림을 완성시켜서 뉴욕

시민들을 감동시켜야 합니다. 예술가 협회에서는 진짜 예술가들에게만 비밀리에 주제를 알려주었습니다.

드디어 예술 발표회 날이 되었습니다. 진짜 예술가들은 숨어서 진짜처럼 행세하는 가짜가 얄밉기만 합니다. 그래서 가짜 예술가를 찾아내기로 했습니다. 진짜 예술가들은 자기가 가진 모든 능력을 다 발휘해야 하지만 가짜 예술가가 '주제'를 모르도록 교묘하게 그림을 그려야 합니다.

예술가들은 그림을 완성한 뒤 가짜 예술가를 찾아내야 합니다. 만약 엉뚱하게 진짜 예술가가 오해를 받는다면 가짜 예술가의 승리입니다. 하지만 가짜 예술가가 지목을 받더라도 기회는 있습니다. 바로 '주제'를 맞추면 됩니다. 그렇다면 진짜 예술가였다고 주장할 수 있습니다.

📝 '그림 마피아 게임' 속 역할

① 문제 출제자: 주로 선생님이 카드에 그림의 주제를 적고 안보이게 나눠준다. 문제 출제자를 아이들이 해도 되지만, 출제한 사람은 그림 그리기에 참여하지 않습니다. 문제 출제자도 그림 마피아와 같은 편입니다. 가짜 예술

가, 즉 그림 마피아가 주제를 맞히면 점수를 얻습니다. 따라서 가짜 예술가가 그림의 주제를 맞힐 수 있도록 쉬운 문제를 내는 게 중요합니다.

② 가짜 예술가(그림 마피아): 그림의 주제가 무엇인지 모르고 그림 그리기에 참여한다. 가짜인 것을 안 들키면 점수를 얻습니다. 혹시 들켰더라도 그림의 주제가 무엇인지 맞추면 점수를 얻습니다. 게임을 할 때, 그림의 주제가 무엇인지 아는 것처럼 행동하는 게 중요합니다.

③ 진짜 예술가 : 도화지에 한붓그리기로 주어진 그림의 주제를 표현하는 그림을 그린다. 누가 가짜인지 맞히면 점수를 얻습니다. 진짜 예술가는 그림의 주제를 안 들키게 그리는게 가장 중요합니다.

그림 마피아 게임 놀이 방법

① 문제 출제자는 아이들 수대로 색깔 카드에 그림그릴 주제어를 적고 그 중 하나에 X(가짜 예술가)라고 표시한다. 그리고 모두에게 문제가 어떤 카테고리에 해당되는 건지 알린다. (예: 동물 카테고리-사자, 음식 카테고리-식혜 등)

예를 들어 '허수아비'라는 그림의 주제 단어를 정했다면, 마피아에게는 '가을' 정도의 카테고리만 알려주면 됩니다.

② 카드를 섞어서 한 장씩 나눠준다.

③ 문제 출제자는 누구부터 한붓그리기를 할 지를 선정한다.

④ 한붓그리기로 그림을 그리는 데 2바퀴 정도 그린다.

⑤ 문제 출제자의 "하나둘셋" 신호와 동시에 손가락으로 그림 마피아로 의심되는 아이를 가리킨다.

⑥ 가장 많은 지명을 받은 아이가 자기의 정체를 공개한다. 카드를 공개하면 마피아가 주제어를 알 수 있으므로 주의해야 한다. 만약 그림 마피아를 맞추었다면, 그림 마피아는 자기 카드를 공개하며 문제의 주제어를 맞힌다.

⑦ 이렇게 두 바퀴를 돈 다음에 가짜 예술가를 찾아내는 투표를 한다. 투표라고 해봐야 출제자가 "하나둘셋"을 외치면 그냥 가짜라고 생각되는 사람을

손가락으로 가리키면 된다.

만약 진짜 예술가가 가장 많은 지명(또는 가짜와 같은 수로 지명)을 당했다면 가짜 예술가와 출제자가 승리하게 됩니다(2점). 만약 가짜 예술가가 가장 많은 지목을 당했다면 가짜 예술가에게 마지막 기회가 주어집니다. 바로 주제어를 맞출 수 있는 기회입니다. 가짜 예술가가 주제어를 정확하게 맞추면 가짜 예술가와 출제자가 승리합니다(2점). 물론 주제어를 맞추지 못하면 나머지 진짜 예술가들이 승리합니다(1점).

⑧ 출제자 왼쪽 사람이 출제자가 되어 다음 라운드를 다시 시작한다.

이렇게 해서 5점을 먼저 얻은 아이가 이기는 게임입니다. 반 전체가 교실 앞 칠판에 그림을 그려 진행할 수도 있습니다.

22

6단 논법으로 토론하는 힘 키우기

아이들의 주장하는 수준도 게임처럼 레벨이 있습니다. 1, 2학년 때는 흔히 주장만 합니다. "난 좋아" "난 싫은데" 레벨이 올라 3, 4학년이 되면 흔히 주장과 근거까지 말하게 됩니다.

"난 좋아~ 왜냐하면 ~니까"

5, 6학년 정도 되면, 주장과 근거, 그리고 거기에 더해 '근거의 근거'라고 하는 설명도 대는 아이들이 생깁니다.

"저는 그 의견에 반대합니다. 왜냐하면 ~하기 때문입니다. 4학년 때 ~일을 겪었는데……." 경험이나 인용, 그래프 등의 통계 자료까지 더해 제법 주장에 대한 근거를 탄탄하게 친구들에게 설득하기 시작하지요. 평소 아이들의 발표의 수준을 올릴 수 있는 토론의 몸집 키우기, 6단 논법이 가능하게 도와줄 수 있습니다!

1. 발표의 '수준' 올리기

> **창과 방패**
>
> 옛날 중국 초나라에 창과 방패를 파는 상인이 있었습니다. 이 사람은 시장에서 큰소리로 외치기를, "여러분, 이 방패를 사세요. 이 방패는 어떤 창이나 칼도 막아 낼 수 있습니다. 방패가 정말 튼튼해 보이지요?"
>
> 그 상인은 이번엔 창을 들고 이렇게 소리쳤습니다.

> "여러분, 이 창을 보세요. 이 창은 예리해서 아무리 튼튼한 방패라도 모두 뚫을 수 있습니다."
>
> 사람들이 상인의 말을 듣고 창이나 방패를 샀을까요?
>
> 상인은 제일 튼튼한 방패라는 주장을 하기 위해 창을 예로 들었고, 다시 그 창이 제일 날카로운 것임을 내세우기 위해 같은 방패를 예로 들었습니다.
>
> 어떤 것으로도 뚫을 수 없는 견고한 방패와 모든 것을 뚫을 수 있을 만큼 예리한 창이 동시에 존재할 수 있을까요?

아이들에게 자주 '발표의 수준'을 올리기 위해 제시하는 '모순' 이야기입니다. 주장을 뒷받침하기 위하여 내세운 근거가 타당하지 않기 때문에 사람들이 그 말을 믿지 않았을 상황을 발문을 통해 이야기를 나눕니다. 이처럼 말이나 행동의 앞뒤가 서로 맞지 아니한 상태를 '모순'(矛盾)이라 하는데, 주장에 대한 근거나 이유가 모순되지 않고 이치에 맞아야만 설득력을 가질 수 있습니다.

발표의 수준을 높이기 위한 기본 조건

(1) 틀려도 괜찮아

'30cm의 공포'라는 말이 있습니다. 무슨 뜻일까요? 여기서 말하는 '30cm'란 의자에 앉아 있을 때와 일어섰을 때 엉덩이의 높이 차이랍니다. 그리고 '공포'란 앉아 있을 때 느끼는 안락감에 비해서 발표를 위해 자리에서 일어났을 때 느끼는 감정적 스트레스를 가리키는 단어입니다. 결국 편안히 앉아 있다가 선생님의 지시에 의해 (또는 자발적으로) 발표하려고 자리에서 일어나는 것만으로도 공포감에 휩싸인다는 말입니다.

마키타 신지의 '틀려도 괜찮아'

그림동화를 활용하는 것도 좋습니다. "아는 사람 손들어 보세요.", "할 수 있는 사람 나와 보세요."로 시작되는 수업 시간, 잘 모르는 아이, 자신이 없는 아이의 가슴은 오그라듭니다. 교실은 틀려도 괜찮은 곳, 틀리면서 정답을 찾아가는 곳이라는 것을 깨달으면 아이들은 즐거운 마음으로 공부할 수 있습니다.

(2) 충분히 생각할 시간주기

가끔 발문에 대해 학생들이 적절히 답변을 하지 못하거나 시간이 오래 걸릴 경우 아이들의 사고력 부재를 탓하며 교사 스스로 답변을 하는 오류를 범하기도 합니다. 그러나 생각하는 힘을 기르기 위해서는 생각할 시간을 먼저 충분히 주어야 합니다.

모든 스포츠 경기가 반복적인 연습을 통해 기능이 향상되는 것처럼 생각하는 힘을 기르는 일 역시 생각하는 방법과 절차에 대한 반복적인 연습이 필요합니다. 때로는 답답한 마음이 들 때도 있겠지만 교사는 인내하며 기다려 주어야 합니다. 연습할 기회도 주지 않고 선수를 탓하는 코치가 되어서는 곤란할 것입니다.

학생들이 충분히 생각할 때까지 기다리지 않는 수업은 즉각적인 반응만 강요할 뿐, 사고를 요구하지 않습니다.

이를 위해서 수업의 학습 문제를 아우르는 가장 중요한 발문은 '1분 생각하기'를 권해 드립니다. 1분이라는 시간은 분명 최고의 결정을 내리는데 있어서 충분한 시간은 아닙니다. 그러나 '1분 생각하기'는 하나의 발문에 대해 최선을 다해 생각하게 하는 습관을 갖도록 한다는데 의미가 있습니다. 또한 무작정 '1분'이라는 시간을 소모하는 것이 아니라 일반적으로 다음과 같은 '자기 질문'을 통해 생각을 정교화 하도록 유도하여야 합니다.

① 가장 최선의 의견인가?
② 혹시 빠뜨린 내용은 없는가?
③ 내 의견은 어떤 장점을 가지고 있는가?
④ 내 의견의 오류나 한계점은 없는가?
⑤ 내 의견에 대해 상대방은 어떤 반론을 제기하리라 예상되는가?
⑥ 상대의 반론에 대해 나는 어떻게 대응할 것인가?

이상의 6가지 기법을 모두 활용하거나 부분적으로 활용하도록 합니다. 특히 사고(思考)를 보다 정교화 하고 합리적인 의견을 제시하도록 하기 위해서는 자기 스스로 찬성과 반대 입장 모두를 취해 보도록 하는 것이 좋습니다.

이제부터 "여러분의 생각을 1분 뒤에 들어보도록 하겠습니다."라는 말을 발문 뒤에 덧붙여 봅시다. 훨씬 더 진지한 태도로 생각하며, 생각의 깊이와 폭이 달라지는 우리 아이들의 모습을 확인할 수 있을 것입니다.

 그냥 생각만 하게 시간을 주는 것보다 '생각수첩'을 준비해서 그 시간의 학습 문제와 관련이 있는 중요한 질문 1~2개 정도만 '1분 생각하기'를 실천하며 자기 생각을 정리할 시간을 주는 것이 좋습니다.

생각수첩은 수업 중에 활용하는 수첩으로 교실수업을 하면서 날짜와 과목 이름을 쓰고, 1분 생각하기를 할 수 있는 질문을 교사가 제시하면, 그 질문에 대한 생각을 적도록 했습니다.

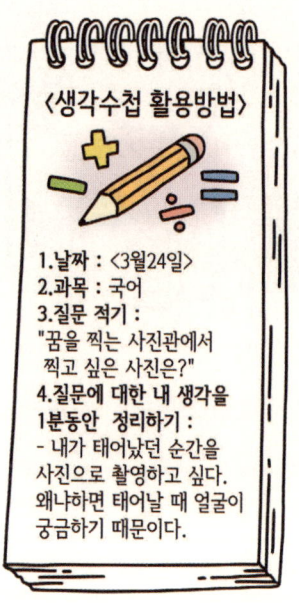

(3) 다른 친구와 생각 연결하기

> 교사: "9시 등교에 대해 어떻게 생각하나요?"
>
> 학생1: "늦게 일어나도 되니까 좋아요."
>
> 교사: "좋아, 다른 의견은 있나요?"
>
> 학생2: "집에 늦게 가니까 싫어요."
>
> 교사: "그렇게 생각할 수 있겠어요. 또 다른 생각을 이야기해 볼 사람?"
>
> 학생3: "아침에 여유 있어서 좋아요."
>
> 교사: "맞아요. 또 다른 생각은 없나요?"

이런 수업 장면, 선생님은 어떻게 생각하나요? 아마도 교실에서 가장 흔히 발견되는 발표 모습이 아닐까 생각합니다. 대화가 전혀 없는 수업은 아니지만, 이 수업속 대화에서 사람과 사람이 단절되고 있습니다. 좋은 수업이라면 학생과 교사, 혹은 학생과 학생이 대화를 통해서 서로 하나가 되어 점차 깊은 수준의 배움으로 나아가야 합니다. **사토마나부 교수는 교사를 통해 학생들 사이에 연결이 이루어져야 배움으로 나아갈 수 있다고 했습니다.** 교실 수업 장면에서 학생들의 여러 발표가 병렬적으로 나열되고 있을 뿐, 교사의 안내에 따라 학생과 학생이 연결되지 못하고 있다면 발표의 수준은 높아질 수 없습니다.

교사: "9시 등교에 대해 어떻게 생각하나요?"
민경: "늦게 일어나도 되니까 좋아요."
교사: "아침마다 일찍 일어나기 피곤했나 보군요."
"진수는 이 의견에 대해 어떻게 생각하나요?"
진수: "늦게 일어나도 된다고 좋아하지만, 대신에 늦게 끝나니까 싫어요."

교사: "그렇게 생각할 수 있겠어요. 그럼 진수의 의견에 대해 민경이는 어떻게 생각하나요?"
민경: "학교는 공부하러 오는 곳이니 조금 늦게 가더라도 제대로 공부하는 게 맞다고 생각해요."

말을 조금만 바꾸어도 됩니다. "왜 그렇게 생각했어요?"가 아니고 "어디서 그렇게 생각했어요?"라고 하는 것이 연결하는 발언입니다. 그럼 아이가 "교과서의 여기요", "자료의 여기요"라고 이야기 합니다. "그럼 그 자료에서 다른 생각을 한 사람 있나요?"하면 다른 아이가 대답하며 연결됩니다. 서로 배움을 조직하는 교사는 이렇게 끊임없이 연결할 수 있어야 합니다.

① 왜 그렇게 생각했어요? (X)

　어디서 그렇게 생각했어요? (O)

② 그럼 그 자료에서 다른 생각을 한 사람은 있나요? (O)

③ OO가 한 이야기를 듣고, △△는 어떻게 생각했습니까?(O)

④ OO의 발표는 누구의 발표와 비슷합니까?(O)

⑤ OO가 했던 발표와 비슷한 경험을 한 적이 있습니까?(O)

2. 발표의 5단계

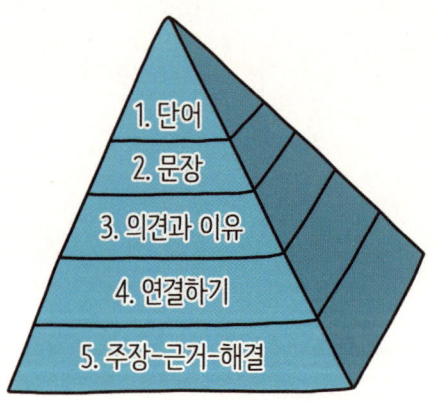

수업을 하면서 교사는 아이들에게 수없이 많은 발문을 하게 됩니다. 좋은 수업을 위해 무엇보다 효과적인 발문 기법에 대해서 정확히 이해를 하는 것이 중요합니다. 그러나 아무리 교사가 100점짜리 발문을 했다 하더라도 이 발문에 대해 학습자들이 최선을 다하여 답변을 하지 않는다면 무슨 의미가 있을까요?

> 교사 : "조상들이 즐겨 놀았던 전통 놀이에는 무엇이 있을까요?"
> 학생1 : "윷놀이가 있습니다."
> 학생2 : "연날리기가 있습니다."
> 학생3 : "투호, 팽이, 제기차기 등이 있습니다."

학생들은 흔히 학생3처럼 대답하지 않고 한 가지 답변만 하는 경향이 있습니다.

> 교사: "여러분들이 가장 여행하고 싶은 나라는 어디입니까?"
> 학생1 : "미국입니다"
> 학생2 : "프랑스입니다."
> 학생3 : "저는 스위스에 가보고 싶습니다. 왜냐하면 ~ 때문입니다."

교사는 이렇게 학생3과 같이 답변할 수 있는 능력을 길러주어야 합니다.

 1단계: 단어로 발표하기

일반적으로 '생각하는 기법'이 훈련되지 않은 학생들은 발문을 던지면 충분한 생각 없이 즉각적으로 반응합니다.

> 교사: "주말에 어떤 일이 있었는지 이야기해 볼까요?"
> 학생: "영화요"

이렇게 듣는 이로 하여금 궁금증을 유발하고 끝나는 발표는 좋지 않습니다. 적지 않은 아이들이 게다가 말끝을 흐리며 대답을 합니다. 친구들의 머릿속에는 어떤 영화를 봤을까? 누구랑 본 걸까? 궁금증이 쌓여 답답할 것입니다.

학기 초에 끝말을 "……다."까지 확인한 뒤에 앉는 훈련을 시키는 것이 좋습니다. 말끝을 흐리거나 말이 끝나기 전에 앉으려고 하면 다시 발표를 끝까지 하고 앉도록 연습을 시킵니다. 이때 아이가 혼나는 느낌이 들지 않도록 하는 것, 주눅 들지 않도록 하는 것이 가장 중요합니다.

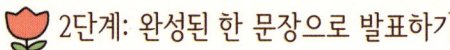 2단계: 완성된 한 문장으로 발표하기

발표할 때 완성된 문장으로 이야기하는 것은 훈련이 필요합니다.

교사: "주말에 어떤 일이 있었는지 이야기해 볼까요?"
학생: "토요일 저녁에 엄마와 '인터스텔라' 영화를 봤어요."

발표의 완성도가 높아져서 6하 원칙에 가까운 답변을 합니다만, 역시 두 번째 질문을 하도록 궁금증을 유발하기는 마찬가지입니다.

교사 : "겨울에 볼 수 있는 모습에 대해 발표해 봅시다."
학생1 : "눈싸움을 해요."

선생님의 질문에 "눈싸움을 해요."라고 단답형으로 말하는 학생에게는 선생님이 질문한 내용을 앞에 넣고 대답을 하도록 알려 주고 다시 말하도록 훈련을 시키는 것이 좋습니다.

"맞아요. 눈싸움을 하면 정말 즐겁죠. 이왕이면 선생님이 한 질문까지 넣어 겨울에는 눈싸움을 하는 모습을 볼 수 있습니다라고 다시 발표해 볼까요?"

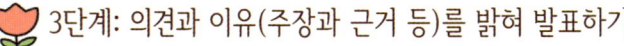 **3단계: 의견과 이유(주장과 근거 등)를 밝혀 발표하기**

교사: "학교폭력을 없애려면 어떻게 해야 할까요?"
학생1: "친구들과 뒷담화를 하지 않아야 합니다. 왜냐하면 뒷담화로 인해 서로 감정이 상해서 다툼이 일어나는 경우가 많기 때문입니다."

"저는 ......라고 생각합니다. 왜냐하면 ......이기 때문입니다." 학생들의 발표가 한 단계 업그레이드되려면, 의견을 냈을 때 그 이유를 함께 발표하는 태도가 필요합니다. 주로 자기 주장을 전할 때는 이렇게 주장과 함께 근거를 발표하도록 도와야 합니다.

 4단계: 먼저 발표한 아이의 말을 연결해 발표하기

교사: "여러분이 가장 좋아하는 꽃은 어떤 곳인가요?"
학생1: "저는 꽃 중에서 장미를 가장 좋아합니다. 왜냐하면 어느 꽃보다 아름답기 때문입니다."
학생2: "학생1은 꽃 중에서 장미를 좋아한다고 했는데, 저는 장미보다는 하얀 백합을 좋아합니다. 백합은 장미보다 가시가 없고, 예쁘기 때문입니다."

발표의 수준을 한 단계 더 올리려면, 내가 발표할 내용만 신경 쓰지 않고 다른 친구들의 발표를 잘 듣는 과정이 더 필요합니다. 다른 학생들의 말을 잘 듣고 그 의견과 연결하여 발표할 수 있을 때, 아이들의 발표 내용은 더욱 깊어집니다.

학 교 명		교 사		학생수	
주 제 명		일 시			
학습목표					
영 역	착 안 점			빈도수	%
1. 지시적 발문	* 지시, 비난하는 발문(예: 그림 그려요, 앞을 봐요, 그것도 몰라요, 틀렸어 등)				
2. 비지시적 발문	* 칭찬, 권장, 학생의 생각을 받아들이거나 이용하는 발문(예: 잘 했어요, 맞았어요, 으음, 그래 등)				
3. 재생적 발문	* 재생, 암기, 계산, 열거 등 학생들이 단편적인 지식으로 답변하게 하는 발문(예: 우리나라의 이름은? 오늘은 며칠? 등)				
4. 추론적 발문	* 인과 관계,종합,분석,구분,비교,대조하게 하는 발문(비슷한 점, 같은 점, 다른 점 등)				
5. 적용적 발문	* 새로운 사태에 원칙을 적용, 이론화(예: 내가 만약 새라면 어떻게 될까? 등)				
	계				
의 견					

아이들의 발표의 수준을 높이려면, 함께 교사의 질문도 수준이 높아져야 합니다. 가장 효과적인 질문의 수준은 낮은 수준과 높은 수준의 질문이 모두 적절하게 이루어져야 합니다. 교사의 질문 중에서 지식이나 이해의 영역은 낮은 수준, 종합이나 평가는 높은 수준으로 구분할 수 있습니다. 낮은 수준의 질문이 전체 질문의 80% 이상을 차지했다면 교사의 수업은 지시 위주의 전달식 수업이라는 증명이 됩니다.

자신의 수업을 동영상으로 촬영하여 발문 관찰 분석표에 체크한 영역별 빈도수를 총 빈도수로 나누어 백분율을 산출해 보세요. 빈도수가 5번 문항 방향으로 많을수록 그 수업에서 교사의 발문은 '고차원적인 사고능력을 요구하는 높은 수준의 수업'이 된다고 볼 수 있습니다. 발문의 수준은 지시적 질문의 비율보다 적용적 질문의 비율이 높을수록 학생들의 창의성 개발에 효과적이라고 여러 연구에서 나타나고 있습니다.

따라서 교사는 발문 관찰 분석표를 활용하여 자신의 발문 수준과 내용을 점검하고 고차원적인 사고를 요하는 발문의 개발에 노력을 기울여야 할 것입니다.

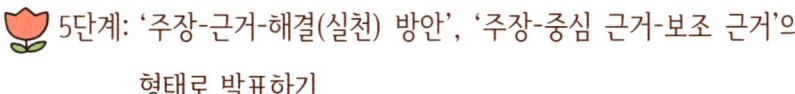
5단계: '주장-근거-해결(실천) 방안', '주장-중심 근거-보조 근거'의 형태로 발표하기

> 교사: "'아낌없이 주는 나무' 책을 읽고 어떤 생각이 들었나요?"
> 학생: "나무의 헌신적인 사랑을 본받아야겠다고 생각했습니다.(주장)
> 나무는 소년에게 어머니처럼 희생적인 사랑을 베풀었습니다.
> (중심 근거)
> 소년에게 맛있는 열매를 주었고, 더운 여름에는 시원한 그늘도 만들이 주었습니다." (보조 근거)

의견은 자신의 뜻을 굳게 내세우는 게 아니라, 어떤 대상에 대한 생각을 말합니다. 의견을 발표할 때에는 의견(생각)-까닭(왜)-예(사실)의 구조를 형성합니다.

> 교사: "선생님 중에 기억에 남는 선생님이 있나요?
> 학생: "나는 4학년 때 이경아 선생님을 좋아합니다.(의견)
> 선생님은 우리를 진심으로 사랑하셨기 때문입니다.(까닭)
> 작년에 다리를 다쳐 병원에 입원했을 때, 선생님은 바쁘신 중에도 병원에 직접 찾아와 걱정해 주셨습니다." (예)

자신의 주장을 내세우기 위해 5단계에 이른 아이들은 이유, 사례, 자료, 실천 방법, 속담이나 격언 인용 등의 방법으로 타당한 근거를 제시할 수 있게 됩니다.

> 교사: "왜 부모님과 선생님들은 책을 많이 읽으라고 하시는 걸까요?"
> 학생: "어린 시절의 독서는 자기의 미래를 결정해 주는 경우가 많으므로 매우 중요합니다. 유명한 곤충학자인 파브르도 소년 시절에 뒤프르라는 학자가 쓴 '벌 이야기'를 읽고, 곤충에 관심을 가지게 되어 곤충학자가 될 것을 결심했다고 합니다."

아이는 '독서는 사람의 미래를 결정하는 힘이 있다.'는 주장을 정하고, 파브르가 어렸을 때 책을 읽고 곤충 학자가 되기로 결심하고 나중에 그렇게 되었다는 사례를 주장을 뒷받침하는 근거로 제시하여 설득력을 높이는 발표를 했습니다.

2. 6단 논법으로 생각을 키우는 주장하기 지도

6학년 1학기 9단원 '주장과 근거'에 대해 공부할 때 고민이 들었습니다. '주장하는 글쓰기'를 어떻게 지도하면 좋을까요?

> • A교사의 사례
>
> A교사는 이 수업을 위하여 주장하는 내용이 분명히 드러난 신문 기사를 구하여 읽어 주었다. 그리고 학생들에게 이 글에서 글쓴이가 주장하고 있는 것은 무엇인지 질문하였다. 또한 주장을 뒷받침하기 위하여 어떠한 근거를 제시하고 있는지에 대해 질문하였다. 학생들은 나름대로 자신의 의견을 발표하였고 A교사는 그들의 발표가 적절했음을 칭찬하였다.

A교사는 이후 칠판에 학습목표를 제시한 후 수업을 시작하였다. 과연 A교사의 학습목표는 무엇이었을까? 그리고 학생들은 어떠한 마음으로 수업에 참여했을까?

• B교사의 사례

B교사는 이 수업을 위하여 교과서 도입 부분에 제시된 구두쇠의 이야기를 예로 들었다. 고기냄새를 맡은 값을 내 놓으라는 터무니없는 주장에 대하여 여러분이라면 어떻게 그 주장을 반박할 것인지 질문했다. 학생들은 나름대로 자신의 의견을 발표한다. 몇몇 학생들의 발표를 들은 뒤, B교사는 역시 학습목표를 제시한 후 수업을 시작하였다.

• C교사의 사례

C교사는 학생들에게 다음과 같은 이야기로 수업을 시작하였다.
C교사: "선생님이 처음 사선거를 배운 것은 초등학교 4학년때였습니다. 그런데 선생님은 자전거가 없었어요. 그저 친구가 탈 때마다 부탁해 조금씩 빌려 타다가 어깨 너머로 배우게 되었습니다. 자전거 타기가 익숙해지고 나니 얼마나 자전거가 사고 싶었을까요? 그래서 부모님께 자전거를 사 달라고 매달렸어요. 그런데 부모님의 반대가 심했습니다. 넘어져서 다치면 위험하다. 주변에 차가 많이 다녀서 마땅히 탈 장소도 없고 사고가 날 수 있다 등…
아무리 졸라 봐도 소용이 없었고 무엇보다 답답했던 것은 선생님이 부모님을 설득할 능력이 없었다는 거였죠. 만약 여러분이 선생님이라면 우리 부모님을 어떻게 설득하겠습니까?"

학생1: "끝까지 사달라고 우겨요."

학생2: "건강에 좋으니까 사달라고 해요."

학생3: "우리 반에 나만 자전거가 없다고 말씀드려요."

C교사: "오! 그거 좋은 의견이네요. 하지만 건강에 좋다거나 우리 반에서 나만 자전거가 없다는 사실을 어떻게 증명할 수 있을까요?"

학생2: "자전거 타기가 건강에 좋다는 신문 기사를 제시합니다."

학생3: "자전거를 가지고 있는 아이들 숫자를 조사하여 제시합니다."

C교사: "그래요. 그런 방법으로 부모님을 설득할 수 있겠네요. 아마 여러분들도 선생님처럼 현재 어떠한 일이건 자신이 주장하고 싶은 이야기들이 많을 거예요. 여러분들은 무엇에 대해 다른 사람들에게 주장하고 싶은가요?"

학생4: "저는 강아지를 키우고 싶은 데 부모님이 반대를 하십니다."

학생5: "저는 학원을 다니고 싶지 않은데 부모님이 억지로 다니게 하셔서 친구들과 놀 시간이 부족해요."

학생6: "저는 짝 바꾸는 방법을 선생님께 건의하고 싶어요."

C교사: "그렇다면 여러분들의 주장을 성공적으로 전달하기 위해서 필요한 준비가 무엇일까요? 그동안 다른 사람을 설득시키고 싶지만 말빨이 딸려서 어려웠다면, 이번 단원에서 아주 특별한 방법을 배우게 될거예요. **이 수업을 마친 후에 여러분은 좀 더 효과적으로 상대방을 설득하는 방법을 배우게 됩니다. 그리고 여러분들의 소원도 마법처럼 이루어지게 될 거라고 생각합니다. 기대되지 않나요?**"

어느 교사의 사례가 가장 효과적이라고 생각하나요? 만약 위의 사례가 모두 적당하지 않다면, 선생님은 어떠한 방법으로 위의 수업을 실제 생활과 관련지을 것입니까? 자신의 주장을 논리적으로 펼치지 않고 주장을 위한 주장, 반박만을 위한 반박이 성행하는 요즘의 세태 속에서 어떻게 우리 아이들이 합리적인 주장과 근거를 제시하는 민주적인 시민으로 성숙되도록 도와줄 수 있을까요?

　C교사처럼 지도하며 제시했던 내용이 '6단 논법'입니다. 그동안 부모님께 원하던 소원을 '6단 논법'으로 정리해서 주간 학급신문에 실었습니다. 그리고 부모님께 보내 사인을 받게 했습니다. 주말마다 TV만 보며 소파에서 누워계시는 아버지에게 한 여자아이는 "물론 아빠가 회사에 다니느라 많이 피곤하신 것은 잘 알고 있어요. 하지만 사랑하는 딸을 위해 한 달에 한번 정도는 가까운 놀이공원에 갈 수 있을 거라고 생각해요."라며 6단 논법을 활용해 설득했고, 결국 그 다음 주에 놀이공원에 가는 계획을 성공했답니다.

(1) 6단 논법과 스티븐 툴민 교수

　'6단 논법'은 1968년 스티븐 툴민 교수가 영국 캠브리지 대학 학위 논문〈논술의 활용〉에서 처음 발표했습니다. 스티븐 툴민 교수는 1990년 미국에서 토론 학회가 토론 분야의 탁월한 학자와 공로자에게 수여하는 큰 상을 받았습니다. 그 후 '6단 논법'은 토론 논술 교과서와 국제토론 챔피언 대회에서 활발하게 활용되게 되었습니다.

　'6단 논법'은 사고(思考)를 하는데 사용되는 모형이라고 말할 수 있습니다. '6단 논법'은 '언어 사고력'을 키우기 위해서 배우는 것입니다. 다시 말해서 생각하는 방법을 알기 위해서입니다. '6단 논법'을 활용해서 말을 하면 '토론'이 되고, 글을 쓰면 '논술'이 됩니다. '토론 6단 논법'은 김병원 박사(전 포항공대 교수)가 우리나라에 소개했습니다.

(2) 6단 논법의 형식

뉴욕 '썬'지 편집인 프랭크 처치가 신문 지면으로 버지니아 양에게 답장한 글을 읽고 나니 산타 할아버지가 있다는 확신이 생기나요? 아마 이 글을 읽고 나서는 산타 할아버지가 없다는 반론을 펴기가 쉽지 않을 거예요.

1단계 : 어떤 상황이 일어난 상태로 여기서는 하나의 '안건'이란 말로 부를 수 있습니다.
'산타클로스가 있는가 없는가?'

2단계 : '결론'을 먼저 제시하는 것입니다.
'산타클로스는 있다.'

3단계 : 2단계에서 말한 '결론'에 대한 '이유'입니다.
세상에 보이는 세계와 보이지 않는 세계가 있는데, 산타는 보이지 않는 세계에 속하기 때문이다.

4단계 : 2단계 결론에 대한 '설명'을 합니다.
사랑, 우정, 평화 등도 보이지는 않지만 있다. 마찬가지로 보이지 않는 산타클로스도 있다.

5단계 : 2단계 결론에 대한 '반대'의견을 '반론꺾기'로 밝힙니다.
책상이 있는 것과 사랑이나 산타클로스가 있는 것은 서로 다르다고 주장할 수 있다. 즉 보이는 것만을 '존재'하는 것이라고 생각한다면 산타는 없다고 생각할 수 있다.

6단계 : 위의 1-5단계에 나온 이야기들을 종합해 '정리'를 하는 것입니다.
두 가지가 다 있다는 점은 같다. 다만 그 종류가 다르다. 그리고 보이지 않는 것을 모르는 사람에게는 사랑이나 산타클로스 같은 것이 없다고 생각하는데 그렇게 생각하는 사람의 생활은 그만큼 황량해지는 것이다. 사랑, 관용, 헌신, 믿음, 시 등 보이지 않는 세계도 인간 세계의 일부분이다.

'산타클로스가 있느냐 없느냐'란 논란에 대해 이처럼 확실한 대답을 할 수 있는 글이 또 있을까요?

지금으로부터 102년 전에 뉴욕 썬지에 실린 이 글은 이후 매년 크리스마스 때가 되면 많은 독자들이 이 답장 글을 볼 수 있도록 여러 신문이나 잡지 등에서 실어 주고 있습니다. 내용도 훌륭하지만 이 속에는 '6단 논법'이 다 들어 있어 꼭 눈여겨보아야 합니다. 그러면 이 프랭크 처지의 글에서 '6단 논법'이 어떻게 들어 있는지 봅시다.

이 '6단 논법'의 앞 글자만 따오면 '안결이설반정(안건-결론-이유-설명-반론꺾기-정리)'이 됩니다. 이것들만 모아 다시 글을 엮으면 바로 위쪽 긴 편지글의 요약 글이 됩니다.

【안건】 산타클로스는 존재하는가?

【결론】 산타클로스는 있다.

【이유】 왜냐 하면, 세상에는 보이는 세계와 보이지 않는 세계가 있는데, 산타는 보이지 않는 세계에 속하기 때문이다.

【설명】 즉, 사랑과 우정, 헌신과 믿음, 시는 직접 지각할 수 있는 것이 아니지만, 이들은 존재한다. 그러므로 보이지 않는 산타클로스도 존재한다.

【반론꺾기】 그러나 책상처럼 보이는 것만 존재한다고 말한다면 산타클로스는 없다고 생각할 수도 있다.

【정리】 그렇지만 두 가지가 다 '있다.'는 점은 같다. 다만, 그 종류가 다르다. 그리고 사랑, 우정, 헌신, 믿음, 시, 그리고 산타클로스 등을 눈으로 볼 수 없다고 해서 그들의 존재를 인정하지 않는다면, 인간의 삶은 너무 황량해질 것이다. 보이지 않는 세계도 인간 세계의 일부분이다.

처음	1단계	안건	◆ 어떤 상황이 일어난 상태로 토론 주제 속에서 안건을 정하며 찬성과 반대가 서로 맞설 수 있는 것으로 정한다.
	2단계	결론	◆ '찬성이다' 혹은 '반대이다'로 자신이 내리고 싶은 결론을 먼저 내린다.
	3단계	이유	◆ 2단계에서 결정한 '결론'에 대한 '이유'를 말한다. 이유는 안건과 관계가 있어야 하며 여러 가지 많은 것을 다 포함하는 '큰 생각'이어야 한다.
가운데	4단계	설명	◆ 3단계의 '이유'에 대한 설명으로 이유에 대한 옳고 그름을 생각하는 제2의 '왜?'를 묻는 과정이 설명이다. ◆ 설명 방법 – 실험 결과, 실증적인 것, 통계인용(백과사전, 신문보도, 인터넷, 인용구 등), 비교, 비유, 경험, 예 등등
	5단계	반론 꺾기	◆ 반대 측에서 말하는 '이유'를 미리 예상하여 꺾어버리는 것을 말한다. 예) 물론~할 수도 있지만 ~하다. 그렇게 생각할 수도 있지만, ~일 수도 있으나

끝맺음	6단계	정리	◆ 어떤 일이든 절대적이지 않고 '예외'가 있는데 그 예외를 말하면서 자기의 주장을 확실히 하는 것이다.

(3) 6단 논법을 활용하면 좋은 점

이렇게 '6단 논법'을 이용한 요약 글만으로도 '산타클로스가 있다.'는 것에 대해 설득력 있는 글이 되었죠? 그렇습니다. 우리는 누구나 머릿속에 6단 논법이 들어 있습니다. 그리고 그것은 생활하는데 종종 쓰입니다. 우리가 그것을 6단 논법이라고 느끼질 못해서 그렇지요. 이 6단 논법을 체계적으로 끌어내서 효과적으로 쓰기 위해서는 '연습'이 필요합니다. 연습을 한다는 것은 바로 '생각하는 힘'을 기르는 것입니다. 6단 논법으로 생각해 보고, 그것을 글로 써서 논술로 만들어 보고, 다시 그것을 말로 해 보면 설득력 있는 토론을 이끌 수가 있는 것입니다. 6단 논법은 아이들의 창의력과 탐구력을 길러 줄 겁니다. '안건'에 대해 창의적으로 이유를 생각해 내고 찬성과 반대 주장의 옳고 그름을 알아내는 과정에서 탐구력이 생깁니다. 이런 깊이 생각하는 훈련 경험은 학생들의 학습과 성공에 큰 도움이 될 것입니다. 6단 논법을 활용해 지도하면 좋은 점은 다음과 같습니다.

① 자기 생각을 머릿속에 있는 모형에 따라서 말을 하므로 조리있게 발표하게 되며 말을 함부로 하지 않는다.

② 이유를 따져보고 설명하고 반론을 따져보면 언어 사고력이 생긴다. 더 좋은 이유, 설명, 반론은 없는지 탐구하게 된다.

③ 6단계 모형에 따라 자꾸 말하게 되면 '말하는 기능'이 생긴다.

자신의 의견을 말해야 하는 경우에 "싫다." 또는 "좋다." "~하자."라는 주장 위주의 말이 오고 가는 경우가 많습니다. 근거가 부족하거나 이유 설명이 불충분한 대화는 상대방의 생각이나 의도를 잘 모르기 때문에, 주장이 잘 받아들여지지 않거나 자칫 오해를 살 수도 있습니다. 위와 같이 '6단 논법'의 방법으로 말을 하는 습관을 가지면 평소 대화를 할 때에도 자신의 의사를 명확하게 전달할 수 있습니다.

'6단 논법'은 우리의 일상생활 속 말하기에서 활용하면 더욱 효과가 좋습니다. 논술문 쓰기의 기초가 되고, 면접 구술시험에서 활용할 수 있으며, 부모님을 설득하거나 친구를 내 편으로 끌어들이도록 하는 상황에서 유용하게 쓸 수 있는 방법입니다.

하나의 주장을 할 때마다 '6단 논법'을 활용해 보도록 해봅시다. 그리고 다양하게 변용하여 써 보면 좋습니다. 특히 "물론~할 수도 있지만" 이라며 반대 측에서 말하는 '이유'를 미리 예상하여 꺾어버리는 〈반론꺾기〉야 말로 아이들의 생각을 한 차원 끌어 올리는 멋진 단계입니다. 자연스럽게 상대방의 입장에서 생각하는 훈련이 되기 때문입니다.

(4) 아이들 생활 속에서 6단 논법 활용해 지도하기

6단 논법을 활용해 자기만의 생각을 정립할 수 있도록 도우려면, 아이들 삶의 문제에 대해 6단 논법으로 정리하여 글을 쓰고, 함께 토론으로 이어지면 좋습니다.

    빼빼로데이 하나만 봐도 선생님들마다 서로 다른 생각으로 다른 지도를 하고 계십니다. 우유에 제티를 타먹는 문제같은 사소한 안건도 아이들에겐 좋은 토론 소재가 됩니다. 그래서 아무 생각없이 살아가지 않도록 아이들 일상속의 토론거리를 6단 논법으로 어떻게 생각할 수 있을지 수시로 활용되었으면 좋겠습니다.

    부산에서 가르친 5학년 제자가 쓴 글입니다. 비록 찬성하는 쪽이지만, 이런 논리를 가지고 설득하는 모습이 기특하지 않나요? ^^

> 저는 '빼빼로데이'에 빼빼로를 주고 받는것에 대해 (① 안건) 찬성합니다. (② 결론)
> 왜냐하면, 다른 날들은 외국에서 전해진 날인데, 빼빼로 데이는 우리나라에서 만들어진 순수한 토종 데이이기 때문입니다. (③ 이유)
> 밸런타인 데이나 로즈데이 등 대부분의 날이 외국에서 무분별하게 들여온 날인 것에 비해 우리 상품인 빼빼로를 수출까지 할 수 있는 좋은 날입니다. (④ 설명)

> 빼빼로 데이에 빼빼로 선물을 주는 걸 반대하는 아이들은 그날 너무 많은 쓰레기가 교실에 버려진다고 걱정하기도 합니다. 하지만, 미리 교실에서 먹지 않고, 수업을 마친 후 집에 가서 먹는 것으로 약속한다면 아무런 문제가 되지 않을 것입니다. (⑤ 반론 꺾기)
> 그러므로 저는 빼빼로데이에 친구들과 빼빼로를 주고받는 것에 대해 찬성합니다. (⑥ 정리)

3월 학기 초, 교실의 휴대폰 사용에 대한 규칙을 정하려고 할 때 어떻게 하는 것이 좋을까요? 교실의 짝은 어떻게 정하면 좋을까요? 청소는 어떻게 돌아가며 하면 좋을까요? 등 교실 속 많은 문제들을 아이들이 스스로 6단 논법을 통해 글로 정리하고, 스스로 결정하게 하는 과정을 거쳐 나간다면, 아이들은 더욱 자율적인 민주 시민으로 성장할 것입니다.

"아이들의 발표의 수준을 높여주고 싶습니다. 주말이 지나며 월요일 아침마다 돌아가며 지난 주말에 있었던 일을 발표시키는 데, 아이들이 할 내용을 책상에 써놓곤 합니다. 발표할 때 원고를 봐도 될까요?"

자기가 할 발표의 내용을 모두 적는 것은 발표의 수준을 높이기에는 적절하지 않습니다. 통상적으로는 20% 이하의 내용이면 됩니다. 손바닥만 한 크기의 종이 카드를 활용하면 됩니다.

아이들에게는 TV아나운서처럼 중요한 단어 몇 개만 적어놓자고 부탁하면 좋습니다. 단어를 키워드로 발표의 수준을 높일 수 있습니다.

서울 영화초등학교 5학년 5반 개나리반 학급신문

개나리반 이야기

2008년 11월 17일 제23호
개성강한 내가/나보다 우리를
이제 우리는 하나입니다.
개나리반 학급신문
발행인: 정보두레

학부모님께

빼빼로데이 전에 썼던 아이들의 글을 많이 모아 특집 신문을 만들었습니다. 항상 몇 아이들의 글만 실으며 지면이 짧은 것을 탓하다가 아이들의 좋은 글을 놓치기 싫어 벌인 일입니다. 아이들의 글을 보면서 '아이들의 독서력'이 '학습력'이란 생각을 했습니다. 책을 많이 읽은 아이들 글이 뭐가 달라도 다릅니다. 자료를 조사해서 쓴 글은 더욱 설득력을 가지게 됩니다. 무엇보다 자기의 주장, 빼빼로를 모든 아이들에게 돌린다면 못 받아 서운한 아이들이 없을 거라는 주장대로 아이들 모두에게 적게나마 빼빼로를 돌린 아이들을 칭찬합니다. 어떤 아이는 교실의 쓰레기는 치우면 됩니다라고 글만 써넣고 아무렇지도 않게 먹은 쓰레기를 버리기도 했습니다. 말로만 이기기 위해 쓰는 글이 아니라 자기가 생각한대로, 주장한대로 아이들이 스스로 입장을 정하고, 그 가치대로 살아가길 바랍니다. 시험을 앞둔 한 주지만, 아이들 위축되지 않도록 격려하면서 도와주시길……

개나리반 담임 허승환

알려드립니다

▶▶ 11월 14일(금) 사이언스 페스티벌!

11월 14일(금) 5,6교시에는 운동장에서 학부모님(전신호, 최승호 어머님)들의 도움으로 18개의 부스를 돌며 다양한 과학 싹잔치 및 과학놀이 한마당을 체험했습니다. 탱탱볼 만들기, 솜사탕 만들기, 아로마 비누 만들기 등 다양한 체험을 하며 과학의 멋진 세계 속으로 여행하고 돌아왔습니다. 바쁘신 중에 일일 도우미가 되어 자상하게 설명해주신 두 분 어머님께 감사드립니다. -강가형 기자-

▶ 11월 25일(화)-26일(수) 기말고사

11월 25일(화)과 26일(수) 양일에 걸쳐 5학년 기말고사가 실시됩니다. 시험을 잘하는 사람과 못하는 사람을 줄 세우기 위해서보다는 자기가 부족한 부분이 무엇인지 찾아보는 시간이라고 생각합니다. 아울러 1학기의 나와 비교해 얼마나 성장했는지 스스로와 경쟁할 수 있었으면 좋겠습니다.
-허승환 기자-

▶ 11월 18일(화) 예절실 한복입기 교육

11월 18일(화)에는 12년간 계속된 우리 학교의 자랑 예절실 교육이 3,4교시에 이루어집니다. 특별히 이번에는 한복을 제대로 입는 방법에 대해 공부하려고 하니, 혹시 가정에 한복이 있다면 보내주시길 바랍니다. -이훈노 기자-

▶ 11월 11일(화) 타자 급수제 결과

11월 11일(화)에 컴퓨터1실에서 2학기 타자급수제를 진행했습니다. 이번에 진급하게 된 어린이는 다음과 같습니다. 권승진(5급), 김지훈(3급), 성락은(4급), 이태욱(5급), 전신호(5급), 전현인(3급), 최승호(1급), 김수정(4급), 김예빈(3급), 이은정(6급), 이자영(5급), 한다경(3급)... 앞으로도 열심히 컴퓨터의 기본이라고 할 수 있는 타자 실력을 키우길 바랍니다.
-이보연 기자-

두레이야기

지난 수 수요일(12일)에는 레슬링 두레의 다양한 레슬링 기술 소개 및 시연이 있었습니다. 많은 아이들이 직접 매트 위에서 따라하며 즐거워했습니다. 다음에는 전세현 어린이의 요청으로 호신술에 대한 특강을 준비하기로 했습니다. 금요일(14일)에는 마술 두레(손세희, 강민혁) 아이들의 마술 공연이 있었습니다. 재미있는 지폐 마술, 메직북 마술 등의 공연이 끝나고 다음에는 모두가 함께 배우는 마술을 하기로 했습니다.
-이훈노 기자-

우리들의 마음밭

국어 시간, 넷째마당 토론하는 방법에 대해 공부하며 아이들이 쓴 글입니다. 투박하고 서툴지만 자라고 있는 생각, 많은 격려 바랍니다.

"빼빼로 데이에 선물을 주는 것이 좋은가?"

〈김태은〉
저는 빼빼로 데이 때 빼빼로 주는 것을 찬성합니다. 왜냐하면 빼빼로 데이는 꼭 롯데 회사나 빼빼로 회사가 잘 되길 원해서 빼빼로 데이 때 빼빼로를 주는 것을 찬성하는 게 아니라, 어린이날처럼 좀더 즐거워 질 수 있는 날로 우리의 추억도 될 수 있기 때문입니다. 빼빼로는 달콤하기 때문에 친구들과 이 날만큼은 신나는 날로 손꼽을 수 있을 것입니다. 단지 멜라민 유출 사고 때문에 건강에는 안 좋을 수도 있겠지만 원재료를 확인하는 습관을 가지면 내 건강에는 아무런 지장이 없을 것이라고 생각합니다. 그러므로 저는 빼빼로 데이 때 친구들에게 빼빼로 주는 것을 찬성합니다.

〈이자영〉
저는 빼빼로데이에 빼빼로를 주는 것을 반대합니다. 왜냐하면 빼빼로종이가 비닐류이기 때문에 재활용도 힘들고, 우리반에서 버리지 않는다 고해도 길바닥에 버리기도 하기 때문입니다. 그리고 인기가 많은 친구들은 박스로 팔아도 될 만큼 많이 받지만, 인기가 그렇게 많지 않은 사람은 적게는 0개 크게는 3개정도를 받기 때문입니다. 그리고 빼빼로를 주고 받으면 우정이 더욱 돈독해진다고요? 아닙니다. 못받는 친구들은 얼마나 억울하겠어요. 그러므로 전 빼빼로데이에 빼빼로를 주고받는 것을 반대합니다.

〈한승원〉
나는 빼빼로데이를 하는걸 찬성한다. 왜냐하면 돈보다는 친구가 우선이기 때문이다. 그리고 친구들과 더욱더 우정을 깊게 지낼수 있기 때문이다.
그리고 빼빼로데이는 우리나라에서 만든 것이어서 실감나게 할 수 있고 다른 날과는 다르게 다른 나라에서 지어진 날이 아니기 때문이다. 물론 빼빼로데이를 하는걸 반대하는 사람은 대부분 쓰레기문제 등으로 힘들다고 하는데 빼빼로를 받은 뒤 집에서 먹게 하거나 만약 먹게 했으면 아이들에게 선생님들이 자기자리를 치우고 가라고 하면 되기 때문이다. 그리고 돈을 많이 써서 아이들에게 빼빼로를 나누어 주었는데 만약 그 친구가 빼빼로를 못 받으면 그 친구는 섭섭하기 때문에 골고루 나누어 주기로 한 뒤에 먹기로 약속하면 좋을 것 같고 아이들이 돈 걱정도 하는데 그러면 조금이라도 사서 아이들에게 주면 되기 때문에 돈 걱정도 별로 반대할만한 이유라고 하는 것은 별로 안 좋은 반대 이유인것 같습니다. 그리고 아이들의 반대의견을 보니 왕따에 대한 이유도 나왔는데 왕따는 아이들에게 하지 않습니다. 빼빼로데이 때 아이들이 왜 왕따를 시키겠습니까? 아이들은 왕따는 커녕 아이들과 사이가 더 좋아질 것 입니다.
그리고 건강 걱정도 하는 아이들이 있는데 저는 국산인지 확인하고 먹으면 된다고 생각합니다. 그리고 가래떡데이로 해도 된다는데 가래떡데이가 물론 건강에는 중요겠지만 빼빼로도 국산을 체크하면 건강에 아무런지장이 없다고 생각합니다. 그리고 이자영이 빼빼로를 못 받는다고 하는데 못 받을 이유는 없다고 생각합니다. 왜냐하면 빼빼로를 골고루 나누어주면 되기 때문입니다. 그리고 대부분의 아이들이 빼빼로회사인 롯데만 돈을 번다고 하는데 빼빼로회사는 다른 회사도 있었습니다. 제가 빼빼로를 사보니 크라운도 있더라고요.~~ 그리고 지훈이가 빼빼로데이는 우리나라의 재미를 주는 문화라고 하는데 빼빼로데이는 유래가 담겨있는 문화입니다! 김수정이 쓰레기가 많다고 하는데 위에 있는 것처럼 먹고 나서 끝나기 전에 청소를 1~3분정도 청소를 하고 나서 가면 된다고 생각하고 청소당번이 남아서 더욱더 깨끗이 청소하면 되기 때문입니다.
그러므로 저는 빼빼로데이를 해도 되는가에 찬성합니다.

〈김지훈〉
저는 빼빼로데이에 빼빼로를 가져오는 것에 반대합니다. 그 이유는 빼빼로를 많이 받는 아이들은 빼빼로데이를 아주 좋아할 것입니다. 주는 빼빼로보다 받는 빼빼로가 더 많기 때문에 그렇습니다. 하지만 못 받는 애들은 어떨까요? 기분이 좋을까요? 인기 있는 애들만을 위해 만들어진 것 아닐까요? 빼빼로데이, 없어봤자인 겁니다. 꼭 롯데제과에 그런 돈을 집어주고, 왕따가 더 늘어나는 빼빼로데이는 없어졌으면 합니다. 빼빼로데이가 있었으면 하는 아이들은 친구들 간의 우정이 좋아진다고 말합니다. 그럴까요? 우리나라 경제가 무너지고, 왕따가 늘어나 자살하는 아이가 많아지고.. 우리에게 내재된 죽음에 대한 공포는 인생이 짧기 때문이라고 생각하기 쉽습니다. 그러나 실제로는 죽음이 너무 길기 때문입니다. 자신이 죽어 있는 상태가 영원해지는 게 너무 슬프고 괴로운 것입니다. 하지만, 빼빼로데이때 선물을 받지 못한 아이들은 점점 죽음에 대한 공포를 잊게 됩니다. 그리고 자살합니다. 그런데 빼빼로데이가 꼭 있어야 한다고요? 친구한테 몸에 해로운 물질을 퍼부어 주면서 빨리 병들으라고, 빨리 죽으라고 부추기는 행동과 같은 것 아닌가요? 빼빼로데이에 흔히 파는 실제 빼빼로보다 맛도 없고, 몸에 안 좋은 물질이 많이 들어있어 멜라민이 들어 있을지 암 유발물질이 들어있을지 아무도 모르는 이상하게 생긴 빼빼로를 우리는 친구에게 줍니다. 중국산 100원짜리 빼빼로도 많이 늘어나고 있습니다. 그 빼빼로는 어떻게 만드는지 아세요? 유통기한 지나서 버리게 된 쿠키들을 석회가루와 시멘트가루를 넣어서 동물 배설물과 섞어 양이 많게 한 다음, 화학제품들을 넣어 만듭니다. 그리고 우리는 그것을 친구들에게 우정을 돈독히 하려고 선물합니다. 안에 든 물질이 무엇들인지 아무것도 모른 채로 말입니다. 빼빼로데이에 몸에 안 좋은 빼빼로로 유인해서 만든 친구는 좋은 친구가 될 수 없습니다. 또, 빼빼로데이는 우리나라의 문화니까 지켜야 한다는 아이들도 있습니다. 그런 악문화도 문화입니까? 이건 문화도 아닙니다. 우리나라를 더 발전시키고, 사람들을 기쁘게 하는 게 문화입니다. 그런 게 한 나라의 문화입니다. 빼빼로데이가 있어 좋은 사람보다 싫은 사람이 더 많은 이상한 문화, 안 좋은 문화인 빼빼로데이는 없어져야 합니다. 마지막으로, 빼빼로데이에 나오는 쓰레기는 모두 집에 가져가면 될 것이라는 아이들이 있습니다. 그런데 집에 가져가면 그 쓰레기는 모두 없어지나요? 집에 가져가 봤자 나오는 쓰레기 양은 같습니다. 학교가 어지럽혀지질 않을 뿐이죠. 여러 이유에서, 아주 강력한 이유들에서 저는 외국인들에게 손가락질 받는 쓸모없는 악문화인 빼빼로데이가 없었으면 좋겠다고 생각합니다. 우리나라의 진짜 명절인 추석이나 정월대보름 같은 날보다 점점 커지려는 필요 없는 문화, 빼빼로데이가 추석 같은 날을 삼켜 버리지 않았으면 좋겠습니다. 빼빼로데이가 필요한 문화인지 다시 한번 생각해 보았으면 합니다.

<이태욱>
저는 빼빼로 데이에 빼빼로를 주고받는 것에 반대합니다. 왜냐하면 빼빼로를 못 받은 사람은 서운하기도 하고 슬프기도 합니다.
그리고 사람들 중에 문구점에서 파는 중국산가짜 빼빼로를 사오는 사람도 있습니다. 그리고 빼빼로 파는 회사는 빼빼로데이에 그해의 절반이상의 돈을 벌게 되고 빼빼로가 몸에 좋지않아서 엿이나 가래떡데이를 이렇게 (11월 11일은 가래떡데이입니다.현재 가래떡데이이벤트 (http://www.foodjoa.co.kr/event/garae_main.php)가 진행되고 있어요. 많이들 참가해서 선물 받아가세요) 라고 하는 사람들도 있습니다.그리고 빼빼로데이대신 우리농산물인 배나 사과가 풍년이지만 가격이 맞지않아 밭을 다 갈어엎고 있을 때 배데이나 사과데이같은 우리농산물데이를 했으면 좋겠습니다.롯데 빼빼로를 사오면되지않냐고 하는 사람이 잇을지 모르지만 많은사람들이 다 롯데빼빼로를 사온다는것은 어렵습니다.
그리고 빼빼로가 우리나라에서 만든날이라고 하지만 그래도 그것은 장사꾼의 상술에 넘어가는 것입니다.쓰레기가 생기지 않도록 집이나 학교밖에서 먹자고 하는사람도 있습니다. 그러나 꼭다 학교밖이나 집에서 먹는다고 확신할수 없습니다. 그리고 만약 학교밖에서 먹는다면 교문앞이 더럽혀져서 아예 청소하는 사람이 있는 학교에서 먹고 쓰레기통에 버리는것이 낫습니다.그리고 서로에게 다 나누어 주지는 못할 겁니다. 그러므로 빼빼로를 못받는 아이는 꼭 생겨납니다.우정이 돈독해진다고 하지만 꼭물질로 주어야 우정이 돈독해지는것은 아닙니다. 그리고 빼빼로를 만든물질을 적어둔 표를 보면 멜라민의 위험이 없을거라는 사람도 있습니다 그러나 판매자가 빼빼로뒤에 표를 적어두지않을수도 있습니다.
스트레스가 쌓이는걸 푼다는사람도있지만 스트

레스를 운동이나 다른걸로도 풀수있습니다. 그리고 가격이 낮은 빼빼로를 산다면 국내산인지 알 수 없는것도 있고 다른나라에서 만든것인데 일부러 생산지를 속일수도 있습니다. 그러므로 저는 빼빼로데이를 반대합니다.

<이석규>
빼빼로데이에 선물을 주는 것에 반대합니다. 그 이유는 빼빼로를 받지 못하는 아이는 자기가 친구들과 어울리지 못한 것을 자책하고 서운해할 것 입니다.또한 멜라민으로 인해 요즘 우유가공제품을 안 먹는 사람이 얼마나 많은데 그것을 선물하면 받는 입장으로는 고맙기는 하지만 약간 찝찝할 수도 있기 때문입니다. 그리고 찬성을 하는 아이들이 집으로 가져가서 먹으면 쓰레기를 줄일 수 있다는 말은 어이가 반푼어치도 없는 소리입니다. 어느 사람이 맛있는 것을 두고 버틸 수 있겠습니까? 대부분은 먹어 치울 것 입니다. 단지 빼빼로를 받으면 우정이 두둑해진다는 점은 그냥 편지나 다른 몸에 좋은 음식이나 학용품으로 대신해도 됩니다. 아무리 우리 나라의 고유 문화지만, 이것은 어른들이 빼빼로를 많이 팔려고 만든 날이기 때문에 우리가 빼빼로를 사면 어른들의 상술에 이용당하는 것일 뿐만 아니라 롯데라는 회사만 도와주는 격이 되기 때문입니다. 그렇기 때문에 저는 빼빼로 데이에 빼빼로 같은 선물을 주는 것을 반대합니다

<양혜림>
저는 빼빼로 데이날 빼빼로를 주는 것에 대하여 찬성합니다.
빼빼로데이는 친구들의 우정을 더 가까이 부쳐주는 날인것 같습니다.
그리고 빼빼로를 받지 못해 서운한 친구가 있다면 그걸 다 주지는 못해도
서로서로 나누어 먹으면 될 것입니다. 그리고 쓰레기가 많이 생긴다면
규칙을 정하여 교실에선 먹지 않고 학교 밖에서 먹도록 합니다. 만약 밖에서 먹고 길거리에 쓰레기를 버릴 즉시 선생님께 알리고 노란줄을 받도록 합니다.
그런 규칙을 정한 후 빼빼로 데이날 빼빼로를 주고 받는 다면 큰 문제는 없을 것 같으므로 빼빼로 데이날 빼빼로를 주고 받는 것에 대하여 찬성합니다.

<박민호>
빼빼로 데이에 선물을 주어야 하는가?(안건)
빼빼로 데이에 빼빼로 주고 받는 것에 대해 찬성합니다.(결론) 꼭 선물을 주고받는 다는 의미보다 그냥 사람들이 재미로 만든 날인 만큼 요즘 공부때문에 스트레스 받는 우리들에게 친구들과 잠시 즐거운 시간이 되지않을까 해서입니다(이유,설명)
빼빼로 데이는 굳이 반대할 이유가 없다고 생각합니다. 일년에 한번 친구와 과자 나눠 먹기라 생각하고 뒷정리를 깔끔하게 잘하면 오히려 재미있는 시간이 될꺼라 생각하기 때문입니다 (반론꺾기) 그러므로 저는 빼빼로 데이를 찬성합니다(정리)

<이훈노>
저는 빼빼로데이에 빼빼로를 주는것에<안건> 찬성합니다,<결론> 왜냐하면 친구들끼리 빼빼로를 주면서 더 친해질 수 있기 때문입니다.<이유> 평소 친하지 않았면 친구랑도 빼빼로를 주면서 더 친해질 수 있고, 싸운 친구에게 빼빼로를 준다면 화해를 할수도 있기 때문입니다.<설명> 대부분의 반대 아이들이 쓰레기를 버려서 반대하는데, 쓰레기를 치우거나 청소를 하거나 집에서만 먹기로 약속을 한다면 그런 문제는 없을 것 입니다. 그리고, 돈을 너무 많이 쓴다고 하면 선생님과 미리 얼마 이하로만 사오기로 하면 그런 문제도 없어질 것 입니다. 아니면 자신이 스스로 만들어 오면 돈은 그다지 많이 들지도 않을 것 입니다.<반론꺾기> 그러므로 저는 빼빼로데이에 빼빼로를 주는것에 대해서 찬성합니다.<정리>

23 짬짬이 활용하는 미니 토론

　토의, 토론이야말로 아이들의 생각을 길러주는 대표적인 참여형 수업이란 것은 알지만, 디베이트 토론, 세다 토론 등……. 익혀야할 어려운 토론 말고, 수업 중에 수시로 재미있게 활용할만한 토론 기법을 알고 싶습니다. 이럴 때는 먼저 짝과 함께 할 수 있는 하브루타 미니 짝토론, 3인 토론, 4인 토론, 어항 토론 등 재미있는 미니 토론의 세계로 초대합니다.

1. '하브루타'로 짝 토론하기

　유대인과 한국인은 비슷한 점이 많으면서도 크게 다릅니다. 지능이 세계에서 가장 높은 나라이며 학생들이 공부하는 시간으로도 단연 세계 최고입니다. 부모의 교육열로 보아도 결코 뒤지지 않습니다. 최고의 지능, 가장 많은 공부시간, 넘치는 부모의 교육열을 가지고도 왜 우리는 유대인을 따라잡지 못하는 걸까요?

유대인들은 세계 인구의 0.2% 정도인데 노벨상의 30%, 하버드대 재학생 중에서 30% 정도를 차지한다고 합니다. 우리가 유대인들에게 뒤지는 단 한 가지는 '공부 방법'이라고 생각합니다. 우리의 교육은 한마디로 '듣고 외우고 시험보고 잊어버리고'의 반복이었습니다.

EBS 다큐프라임 방송을 통해 본 이스라엘의 '예시바' 도서관에서 시끄럽게 떠들며 토론하는 모습은 충격이었습니다. '예시바'는 일종의 도서관으로 탈무드를 학습하고 유태인의 가치를 연구하는 곳입니다. '예시바'는 질문을 매개로 한 토론과 논쟁의 공부를 중시하는 유대인의 교육문화를 집약해놓은 공간입니다. 유태인들에게 공부는 그냥 책을 읽는 것이 아니라, 다른 사람과의 의견을 나누고 소통하는 토론의 장으로 우리가 알고 있는 도서관의 모습과 사뭇 다른 풍경이었습니다.

(1) 하브루타란?

우리와 다른 유대인의 공부 방법, 세계 최상의 인재를 만들었던 유대인들의 공부방법이 바로 '하브루타'입니다. '하브루타'란 '짝을 지어 질문하고 대화하고 토론하고 논쟁하는 것'을 말합니다. 우연히 경북교육연수원에서 하브루타 연수를 진행하시는 전성수 교수님을 만나 뵙고 그분의 강의와 책을 통해 더욱 깊은 관심을 가지게 되었습니다.

(2) 하브루타의 핵심

하브루타는 '질문'이 핵심입니다. 아이에게 지시나 요구, 설명을 하기보다는 질문을 많이 합니다. "오늘 선생님 말씀 잘 들었니?" 이것은 학교에서 돌아온 아이들에게 한국의 학부모님이 가장 많이 하는 질문이라고 합니다. 우리에게 공부는 선생님 말씀을 잘 듣고 이해하는 것입니다. 그런데, 유대인 부모님들은 학교에 다녀온 아이들에게 이렇게 묻는다고 합니다.

"오늘은 선생님에게 무슨 질문을 했니?"

(3) 하브루타 짝 토론

하브루타 수업은 매우 다양하게 이루어질 수 있습니다. 수업 과정에서 대화하고, 질문하고, 토론하는 모든 것들이 '하브루타'에 해당합니다.

'하브루타'는 히브리어로 '친구'라는 뜻이라고 합니다. 이것은 둘씩 짝을 지어 서로 배우고 가르치는 관계를 의미합니다. 둘이 함께 공부할 때 한 명은 선생님이 되고, 또 다른 한 명은 학생이 되어 토론을 합니다. 토론이 끝나면 서로의 역할을 바꾸어 다시 한 번 토론합니다. 이렇게 역할을 바꾸어 토론을 하는 과정에서 서로의 의견을 설득하기도 하고, 다른 사람의 의견을 들으면서 자신의 의견을 굽히기도 합니다.

하브루타를 이용해서 실제 수업 장면에서 토론을 하려면 어떻게 하면 좋을까요? 실제 국어 수업을 하는 장면이라면 다음과 같은 순서를 따르면 좋습니다.

① 교과서 본문 읽고 질문 만들기

예를 들어 읽기 교과서의 본문을 읽고 따로 질문을 만들 시간을 1분 정도 줍니다. 저는 학기 초부터 미리 〈생각수첩〉을 따로 만들어 선물하고, 이렇게 질문을 만들 때 활용할 수 있도록 지도하고 있습니다.

'생각수첩'은 평소 수업 시간마다 활용하고 있는 수첩인데, 가장 중요한 발문 한 두 가지를 주고 "1분 동안 20자 이내로 적어 주세요.", "2분 동안 30자 이내로 질문을 만들어 주세요."라고 부탁합니다. 1분 후에는 모둠별로 돌아가며 이야기하고, 교사가 "각 모둠의 3번 발표해 주세요."라고 이야기합니다. 이때 모둠에서 들은 이야기와 연결지어 발표하는 방식으로 자주 활용하고 있습니다.

스스로 생각하지 않으면 질문을 할 수 없습니다. 질문을 하면 자연스럽게 생각하는 습관이 몸에 배게 됩니다.

② 만든 질문으로 둘씩 짝지어 먼저 토론하기

어깨짝(양 옆에 있는 짝)과 순서를 정해 차례대로 〈생각수첩〉의 질문을 읽고 짝지어 미니 토론을 시작합니다. 학생들이 토론할 사항에 대해서는 교사가 "하부르타 하겠습니다."라고 한마디만 하면, 학생들끼리 짝을 지어 열띤 토론을 시작할 수 있도록 평소에 연습을 해야 합니다. 예를 들어 '콜럼버스 항해의 진실'에 대한 글을 읽었다면 〈생각수첩〉을 보며 "글쓴이의 주장을 한마디로 요약하면?", "글쓴이의 관점에 대해 어떻게 생각하나요?" 등으로 질문하고 서로 번갈아 자기의 생각을 이야기합니다.

③ 짝과의 토론 중에 최고 질문 뽑기

두 사람이 번갈아 〈생각수첩〉에 적은 질문을 읽고 그 질문에 대한 토론을 마쳤다면, 두 사람의 질문 중에서 더 나은 질문을 뽑습니다. 이때 서로가 인정하는 질문을 대화와 타협으로 선정해야 합니다.

④ 최고의 질문으로 모둠토론하기

이제 모둠끼리 모여 어깨 짝과 정한 질문으로 모둠토론을 시작합니다. 4명 한 모둠이라면 어깨 짝과 모은 질문 2개를 제시하고, 어떤 질문으로 토론을 할지 간단한 토의를 합니다. 이미 짝토론을 통해 한 번의 미니 토론이 진행되었기 때문에 아이들의 토론은 조금은 더 정교해지게 되어 있습니다.

⑤ 모둠 토론한 내용 발표하기

이제 모둠별로 다른 모둠의 친구들에게 어떤 모둠토론을 했는지 정리해 발표할 시간을 가집니다.

시간적인 여유가 있다면, 모둠에서 나온 토론 주제 중에서도 우리 반 모두가 함께 토론할 주제를 선정해서 토론을 심화시켜 진행할 수도 있습니다.

유대인들이 토론 수업이 가능한 이유는 공부할 내용을 미리 집에서 충분히 공부해오는 습관이 잡혀있기 때문이라고 합니다. 집에서 공부할 내용을 충분히 숙지해오고, 그것을 바탕으로 서로 질문하고 토론하면서 자신이 미처 생각하지 못했던 부분에 대해 더 알게 됩니다. 또한 자신의 이론을 정교화시키며 한 주제에 대한 다양한 시각을 토론을 통해 익혀가게 되어 있습니다.

(4) 하브루타에서 질문을 만들 때 주의할 점

여기에서 말하는 '좋은 질문'은 다른 사람이 생각하기 어렵고, 독특하고, 논쟁이 치열하게 될 수 있으며, 다양하게 상상할 수 있는 질문입니다. 정답이 따로 없는 질문인 경우 더욱 치열한 토론이 벌어질 수 있습니다.

질문할 때 가장 중요한 것은 어떤 질문이라도 할 수 있도록 격려하고 이끌어주어야 한다는 점입니다.

① 어떠한 질문도 좋다.
  마음껏 질문할 수 있도록 해야 합니다.
② 왜 그렇게 생각하십니까? 라고 질문한다.
③ '어떻게 하면 될까요?' 라고 질문한다.

실제로 수업과 관련된 짧은 동영상을 보여주더라도 학생들이 짝을 지어 서로 번갈아가며 내용을 짧게 요약해 소개하게 하고, 질문꺼리를 직접 만든 후에 서로 토론하게 하면 활발한 의견교환이 이루어지게 됩니다.

2. 모두가 참여하는 3인 수다, '3인 토론'하기

(1) 3인 토론 방법

'하브루타'가 주로 짝 토론에 많이 활용된다면, '3인 토론' 기법도 더 많이 관심을 가지고 연구해볼 필요가 있습니다. 짝 토론의 단조로움에 비해 모둠별 이동을 통해 다양한 관점을 가진 친구들을 만나기 때문에 아이들의 생각이 대화를 통해 한 뼘씩 자라게 됩니다.

① 책상을 뒤로 미루고, 3개의 의자를 한 모둠으로 모은다.

② 각 모둠의 1번, 2번, 3번 학생을 정한다.

③ 모둠에서 돌아가며 주어진 주제에 대한 자기의 생각을 이야기한다.

④ 이야기가 끝나면 각 모둠의 2번은 +1모둠으로, 각 모둠의 3번은 -1모둠으로 이동한다.

1모둠의 2번은 2모둠의 2번 자리로, 2모둠의 2번은 3모둠의 2번으로……. 이동하면 되고 1모둠의 3번은 전체 6모둠이라면 6모둠의 3번 자리로, 2모둠의 3번은 1모둠의 3번으로. 이동하면 됩니다.

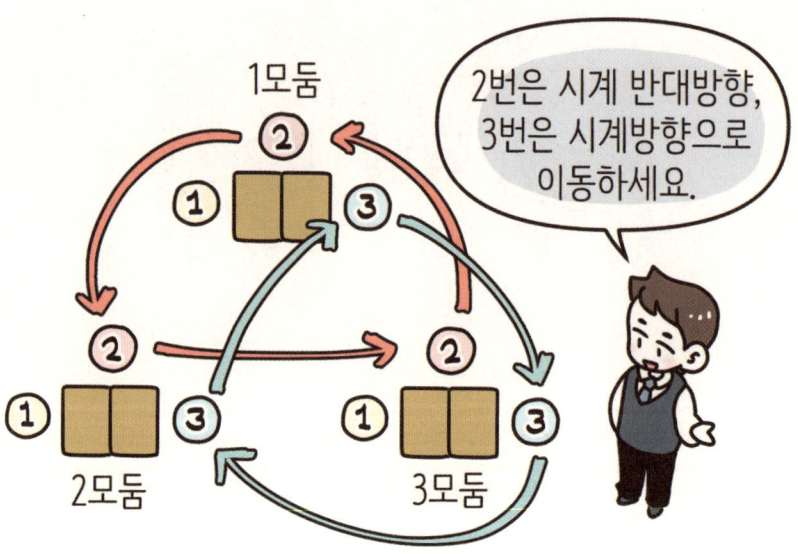

⑤ 마지막에는 각 모둠의 1번은 1번끼리, 각 모둠의 2번은 2번끼리, 각 모둠의 3번은 3번끼리 모여 돌아가며 자기의 생각을 이야기한다.

모둠으로 돌 때 자기 자리만 지키고 있던 아이들은 정작 같은 번호의 친구들 이야기를 듣지 못합니다. 이럴 때 모두가 들을 수 있도록 같은 번호 아이들끼리 모여 서로의 이야기를 듣고 나눌 기회를 제공해 주어야 합니다.

〈각 모둠의 1번〉   〈각 모둠의 2번〉   〈각 모둠의 3번〉

3. 어항 토론(FishBowl Discussion)하기

어항 토론은 말하는 학생들을 어항 안의 물고기로 보고, 어항 밖에서 어항의 물고기를 지켜보는 관찰 학생들에 둘러싸여 있기 때문에 한 사람도 침묵하거나 방종하는 태도가 허용되지 않는 토론 형태입니다. 4~5개의 의자를 둥그렇게 배치하면 그것이 어항이 됩니다. 나머지 의자들을 그 어항을 중심으로 그 주위에 배치합니다. 어항에 앉는 학생들은 자원할 수도 있고 미리 정해진 순서대로 한 모둠씩 들어올 수도 있습니다. 어항 밖에는 관찰자 역할을 하는 학생들이 앉습니다.

처음 토론을 시작하는 모둠이 한 가운데에서 토론을 합니다. 나머지 모둠 아이들은 밖에서 토론하는 내용을 듣고 있다가 질의 시간을 얻어 질의하고, 안의 토론자에게서 대답을 듣거나 밖의 관찰 학생들에게서 보충 응답을 듣는 토론 형태입니다.

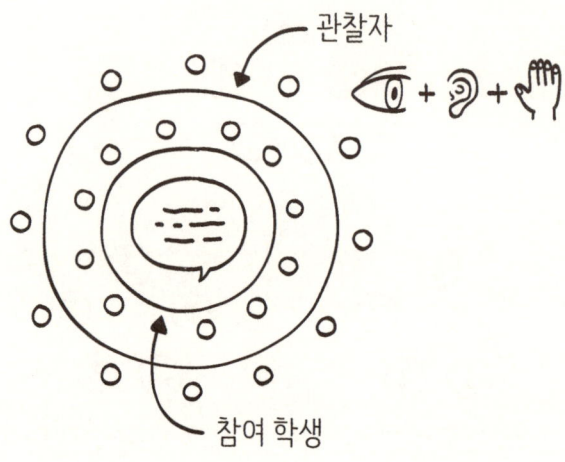

(1) 열린 어항(Open Fishbowl) 토론 방법

교사가 주제를 소개한 후 어항의 참여자들이 토론을 벌이는데 이 때 두 가지 방식이 있습니다. 열린 어항(open fishbowl)의 경우 어항의 한 의자를 비워두고, 언제든지 **어항 밖의 학생들 중 한 명이 자원해서 그 빈 의자에 앉아 토론에 참여할 수 있고 그러는 동시에 애초에 어항에 있던 학생 중 한 명이 관객석으로 가도록 하여 한 자리를 비우면서 계속 순환하는 것입니다.** 충분히 순환되고 토론이 이루어지면서 정해진 시간이 되었다면 어항을 닫고 교사가 토론을 요약합니다.

(2) 닫힌 어항(closed fishbowl) 토론 방법

닫힌 어항(closed fishbowl) 토론 방법의 경우, 애초에 어항의 학생들이 일정 시간 동안 토론한 후 관객으로부터 새로운 학생들이 어항으로 옮겨와 토론하기를 거듭하고 나서 마지막 참여자 집단이 토론을 마치면, 교사가 어항을 닫고 토론을 요약합니다. 모둠별로 정한 주제대로 한 모둠씩 차례대로 들어와 토론합니다.

이런 기본 형태를 변형하여, 대규모 집단 중에 공통 요소나 관심을 가진 사람들(청소년/성인, 여/남 등)의 하위 집단별로 나눠 토론하고 상대 하위 집단에 질문을 만들어 그 질문을 중심으로 상호 어항 대화를 하는 방식도 있고, 일정한 시간 후에 어항 대화에 참여하지 못한 사람들의 의견이나 논평을 듣고 끝맺는 방식도 있습니다.

(3) '어항 토론'의 장점

'어항 토론'의 장점은 최대한 모든 학생들이 토론에 참여할 수 있도록 하는 것으로 발언자와 청중을 구별하지 않는다는 점입니다. 저학년이나 토의, 토론의 초보 훈련에 적당하고, 고학년에서도 예비 토의 등 토의,토론법 자체를 연구 고찰할 때도 유리한 방법입니다. 어항 토론은 집단 토론에서 토의, 토론 기술 이외에도 관찰 기술이나 내용 지식의 구축을 돕습니다. 다른 학생들의 토론 내용을 들을 수 있으므로, 자신의 주제와 다른 모둠의 토론을 들으며 다른 영역의 해결 방법에도 관심을 가지게 됩니다. 이러한 경험은 내용 지식의 구축을 돕게 됩니다. 아울러 학생들이 토론의 참여자로서 자신들의 수준이나 자질에 대해 생각해보는 기회를 제공해주게 됩니다.

(4) '어항 토론'의 규칙

'어항 토론'을 시작하기 전에는 다음과 같은 기본적인 규칙들을 어항 안쪽의 참여 학생들과 바깥쪽 관찰 학생들에게 주지시켜야 합니다.

📕 **어항 안쪽 학생들을 위한 규칙**

① 친구들이 이야기할 때는 조용히 듣는다.
② 누군가가 이야기할 때는 말하지 않는다.
③ 같이 나누고 싶은 이야기가 있을 때는 손을 든다.
④ 질문에는 완성된 문장으로 대답한다.

📕 **어항 바깥쪽 학생들을 위한 규칙**

① 어항 안쪽 학생들이 이야기할 때는 조용히 듣는다.
② 눈은 선생님과 이야기하고 있는 학생에게 집중한다.
③ 듣거나 관찰한 내용은 메모한다.
④ 반 아이들과 관찰한 내용을 나눌 준비를 한다.

4. 좀 더 열린 토론을 진행하기 위한 팁

"예, 제가 발표하겠습니다"

토론을 하다보면, 지나친 격식으로 인해 자유로운 토론이 어려워지는 것을 종종 봅니다. 좀 더 아이들이 속마음을 털어놓으며 수업 중에 토론을 할 수 있도록 도울 수 있을까요?

"월드카페가 그렇듯 '오는 사람 막지 않고, 가는 사람 잡지 않는다'는 원칙에 따라 모둠간의 이동을 자유롭게 옮길 수 있도록 해도 재미있습니다. 심지어는 기린처럼 여러 곳을 기웃거려도 상관없습니다. 이때 써야 할 언어는 '좋아요, 그리고(Yes, And)'입니다. 상대를 긍정한 뒤 자신의 아이디어를 더하라는 뜻입니다. 쓰지 말아야 할 표현은 '그건 아니고요'입니다. 때로는 이렇게 자유롭게 격식없이 편하게 참여할 수 있는 토론, 말 한마디 하지 않고 듣고 있어도 괜찮은 토론, 그러다 정말 하고 싶은 마음이 차오르면 자기 생각을 꺼내 이야기 나눌 수 있는 토론 수업도 괜찮다고 생각합니다."

주제 : 3인 토론 기법을 활용한 개학날, 방학이야기 나누기

2014년 8월28일 여름방학이 끝나고 개학하던 날, 3교시에 했던 수업일기를 간단히 소개드립니다.

> **• 3교시: 3인 수다로 '방학이야기' 나누기**
>
> 2교시 중반부터 책상을 뒤로 미루고, 의자를 세 사람씩 모아 9개의 모둠을 만들었다. 각 모둠의 1,2,3번을 정하고 1교시에 만들었던 '하얀 거짓말' 방학 문제 중 거짓을 제외하고 3개의 진실만 친구들에게 이야기할 시간을 주었다.

> 학습지를 보며 이야기하도록 하니 조금은 편하게 이야기 하는 듯 했다.
> 이야기가 끝나면, 각 모둠의 2번은 +1모둠으로, 각 모둠의 3번은 -1모둠으로 이동하도록 약속했다. 이렇게 9번의 이동이 끝난 후에는 각 모둠의 1번끼리, 각 모둠의 2번끼리, 각 모둠의 3번끼리 모여 돌아가며 시계방향으로 방학 때 이야기를 나눌 시간을 주었다.

여름방학이 끝나고 개학하는 날, 흔히 방학과제만 검사하며 아직은 방학의 풀린 리듬으로 수업할 준비가 안 된 아이들과의 관계가 헝클어진다면 곤란합니다. 몸은 서서히 공부할 준비를 하게 하되, 학교생활이 즐거울 수 있도록 준비해 주어야 합니다. 그래서 도입한 것이 '미니 토의 토론' 기법인 '3인 토론', 3명씩 모여 서로의 의견을 이야기했습니다.

먼저 '하얀 거짓말' 학습지를 통해 방학 중 있었던 진실 3가지와 거짓 1가지를 학습지에 적습니다. 그런 후에 학습지에 적힌 '진실'만 3인 토론 기법으로 돌아가며 모두에게 이야기합니다. 귀 기울여 아이들의 이야기를 잘 경청한 아이들은 듣지 않았던 1가지 거짓을 가려낼 수 있었습니다. 모두가 활발하게 참여하였고, 돌아다니며 더 많은 아이들의 방학 이야기를 귀 기울일 수 있었던 소중한 수업이었습니다.

참고 문헌

- 토드 휘태커, <훌륭한 교사는 무엇이 다른가>, 지식의날개, 2015.
- 권재원, <그많은 똑똑한 아이들은 어디로 갔을까>, 지식프레임, 2015.
- 사카이 도요타카, <다수결을 의심한다>, 사월의책, 2016.
- 캐롤 드웩, <마인드셋>, 스몰빅라이프, 2017.
- 메리 케이 리치, <마인드세트 교실혁명>, 우리가, 2016.
- 파커.J.파머, <가르칠 수 있는 용기>, 한문화, 2013.
- 유동걸, <질문이 있는 교실>, 한결하늘, 2015.
- 김현섭, <질문이 살아있는 수업>, 한국협동학습센터, 2015.
- 밥 파이크, <밥 파이크의 창의적 교수법>, 김영사, 2004.
- 원동연, <5차원 전면교육>, 김영사, 2017.
- 손우정, <배움의 공동체>, 해냄, 2012.
- 스펜서 케이건, <협동학습>, 디모데, 2001.
- 오욱환, <교사 전문성>, 교육과학상, 2005.
- 한형식, <수업 사례로 배우는 수업기술의 법칙>, 즐거운학교, 2010.
- 한스 페터 놀팅, <수업 방해>, 즐거운학교, 2018.

- 기시미 이치로, <미움받을 용기>, 인플루엔셜, 2014.
- 기시미 이치로, <미움받을 용기2>, 인플루엔셜, 2016.
- Lee Center, <단호한 훈육>, 학지사, 2013.
- 마샬.B.로젠버그, <비폭력대화>, 한국NVC센터, 2017.
- 기시미 이치로, <아들러 심리학을 읽는 밤>, 살림출판사, 2015.
- 배희철, <비고츠키와 발달 교육>, 솔빛길, 2016.
- 노구찌 요시히로, <수업으로 단련한다>, 교육과학사, 2010.
- 사이토 다카시, <질문의 힘>, 루비박스, 2017.
- 전성수, <부모라면 유대인처럼 하브루타로 교육하라> , 예담friend, 2012.
- 로버트 치알디니, <설득의 심리학>, 21세기북스, 2013.